¡VENDER
ES
APASIONANTE!

EDGARDO
ARAGÓN

ARAGÓN
EDITORIAL

iMP
SOLUTIONS
IMAGE MARKETING

Editor General:
Luis Aragón
Directora de Edición:
Katherine Ortiz
Director de Comunicaciones:
Jose Cañas, Periodista
Diseño Gráfico
iVIPSolutions

Derechos Reservados © 2013 por Edgardo Aragón
Más información:
www.aragoneditorial.com

CATEGORÍA:
Negocio/ Economía / Liderazgo
Impreso en los Estados Unidos de América
ISBN-13: 978-1492957089

ÍNDICE

Agradecimiento

Un agradecimiento eterno a Dios, quien hace posible el milagro de la vida y a la vez me mantiene experimentando esta hermosa aventura que llamamos vida, con diferentes matices, texturas, colores, sabores y sorpresas.

Agradezco a mis padres que me dieron la oportunidad de crecer y aprender a vivir, me han cuidado y aconsejado en todos estos años. Lo más importante es que me han mostrado un camino de paz, de solidaridad, de compañerismo y amistad.

Agradezco a mis dos hermanos por su respeto y palabras de aliento. *¡De ustedes aprendo mucho!*

Toda mi gratitud a mi compañera de viaje, a mi esposa. Ella me ha enseñado tanto (¡que debería escribir un libro sobre eso!). Te amo, eres mi mejor amiga y me has dado dos razones más para vivir con pasión y buen ánimo, nuestras dos hijas.

Paula y Jimena, gracias porque me inspiran cada día a ser una mejor persona, como padre, como esposo, como trabajador, como profesional. ¡Ustedes con las princesas más lindas que el mundo conocerá! Por cierto, tenemos que seguir jugando, aún cuando apenas pueda moverme.

También, quiero agradecer a todo el equipo de Aragón Editorial por el excelente trabajo que han hecho, ¡una vez más se lucieron! Un abrazo.

Por supuesto, quiero agradecerte a ti que hayas adquirido este libro y estás dispuesto a dejar tu huella, a inspirar a otros con tu vida y con tu trabajo. ¡Nos vemos en la cima!

Introducción

¡Bienvenidos al excitante mundo de las ventas! A partir de ahora les invito a compartir una experiencia más de aprendizaje y crecimiento como personas y profesionales de las ventas. Es la razón por la que escribo este libro, recopilar experiencias y lecciones aprendidas acerca del arte de las ventas para alcanzar un mayor bienestar y bien tener.

A todos los que día a día salen a vender, que saben que sus ingresos dependen de lo que tú hagas y nadie más, a ti que te sabes útil e importante por cumplir esta hermosa y necesaria profesión, te invito a explorar nuevos horizontes, nuevas experiencias, y por qué no, te invito a crear vendiendo.

Juntos avanzaremos por el camino de la verdad que lleva al éxito, porque solamente los logros basados en la verdad se mantienen a través del tiempo y te permiten disfrutar la vida.

"¡Vender es apasionante!" no sólo es el título de este libro, realmente implica elementos diversos y prácticos como las emociones, el intelecto, el conocimiento de sí mismo, prepararse para triunfar en la vida, capacitarse en temas específicos y desarrollar habilidades propios de dicha profesión, además de conocer diferentes procesos o tipos de ventas, técnicas o estilos de vender, y muchos más.

Es probable que si tienes este libro en tus manos es porque participas de este mundo maravilloso de las ventas de manera directa o indirecta y quieres aprender algo nuevo, lograr superarte a ti mismo y ser mejor persona de lo que ya eres. Entonces, acompáñame por cada una de las puertas y ventanas del conocimiento que pueda descubrir mientras lees este manual práctico.

Considero necesario aclarar que todos somos vendedores de alguna u otra manera. En cualquier profesión, oficio o labor que hagas estás vendiendo.

Desde la persona que limpia casas, el que recoge la basura, quien dirige una empresa, el estudiante, misceláneo, ejecutivo, el que hace arte, cualquier persona está vendiendo.

Realmente lo primero que hacemos todos es "vendernos" a nosotros mismos, es decir, proyectamos una imagen, dejamos ver que somos de confianza. Las personas valoran más la parte humana que tiene que ver con respeto, lealtad, seguridad, honestidad, responsabilidad que el producto o servicio que le estamos ofreciendo.

¡La mejor publicidad que podemos tener es nuestra excelencia en el trabajo que hacemos diariamente!

Ya sabemos que no siempre estamos llenos de energía y con buen ánimo, porque es natural de todos los mortales pasar por valles oscuros, momentos de soledad, de ansiedad, y la inevitable preocupación que todos hemos experimentado.

Aquí surgen algunas preguntas: ¿Cómo mantenernos en esta maravillosa profesión sin perder la paz mental y la salud emocional y física? ¿Cómo podemos controlar el estrés y la presión de la compañía? ¿Es posible lograr el equilibrio entre el trabajo, la familia y tener tiempo para descansar?

Estas preguntas son el desafío a responder, trataré de brindarte información y consejos que considero importantes para que continúes en esta hermosa profesión. Todo en la vida tiene que ver más con *ser* que con hacer. Primero soy, luego hago; primero soy, luego tengo.

Te invito a descubrir en las siguientes páginas elementos que tienen que ver más contigo que con tu profesión, y a la vez encontrarás consejos valiosos y experiencias de vida que te permitirán incrementar tus ventas.

Cuando pensé en escribir este libro, me propuse hacer un trabajo excelente, responsable e integral y que tuviera trascendencia, de utilidad para mi generación, principalmente en el mayor de los artes: aprender a vivir.

Ya todos sabemos que la experiencia humana hay que aprender a vivirla. El problema es que no existe un manual de cómo lograr vivir en paz. De hecho, la diversidad humana es tan amplia que lo que sirve para algunos para otros no, de ahí surgen los gustos y preferencias, el arte, las culturas, en una frase: las diferencias.

Esto no es motivo de complicación o discusión, es el inicio de la explicación, darnos cuenta de esta realidad nos permite empezar a tener una mayor cosmovisión del mundo, una mejor perspectiva, tolerante, con mayor respeto por nosotros y por los demás, nos facilita los procesos de negociación y de convivencia social.

Aunque el libro es dirigido a toda persona que está involucrada en las ventas, directa o indirectamente, incluyendo a sus familiares, tú puedes encontrar principios fácilmente aplicables para tu mayor bienestar y mejor calidad de vida.

Ahora empecemos a profundizar primero hacia nuestro interior, luego hacia nuestro alrededor y poco a poco iremos conquistando el extenso y atractivo mar azul que nos espera lleno de oportunidades.

Recomiendo que bajes la velocidad de tu carrera diaria para que descubras el potencial que hay en ti, mediante un mayor conocimiento de ti mismo, disposición para continuar aprendiendo y empezar a crecer.

Capítulo 1

Descubre el potencial que hay en ti

Todos nacemos siendo seres humanos y conforme vamos creciendo nos convertimos en individuos (como resultado de nosotros mismos y de la sociedad), luego, durante el resto de la vida empezamos el proceso de ser personas.

Repasemos el desarrollo natural del ser humano desde su nacimiento. En cuanto nace depende totalmente de su madre o de la persona que lo está cuidando y conforme va creciendo desarrolla pensamientos y lenguaje propio.

> **Capacidad de razonar,**
> **lo que Piaget llamó habilidades abstractas.**

El ser humano va descubriendo y empieza a ejercitar habilidades propias (como pintar, dibujar, escribir, cantar, entre otras), y también costumbres (son los hábitos, que por cierto algunos son saludables, otros dañinos), de esta manera el ser humano se convierte en individuo, es decir, descubre y funciona con una identidad o personalidad propia.

Con el tiempo se va dando cuenta que es más que un individuo y empieza a "convertirse" o verse como una persona completa, sana, realizada. Ser persona es un proceso de por vida que implica alcanzar madurez y disfrutarla, esto no se refiere a la edad cronológica; sin embargo, es necesario que pase algún tiempo para facilitar la maduración emocional. Ser persona es hacerse responsable de sí mismo, de sus palabras y acciones, entender que todo lo que diga o haga afectará a otros de manera positiva o negativamente.

Para ser persona, entonces se requiere trabajar en uno mismo con una intención clara, pero pocos lo hacen, esto implica revisar nuestra propia historia de vida no como determinante sino como una huella o experiencia capitalizable, valiosa, para seguir manteniendo las actitudes beneficiosas y descartar o deshacerse de lo que genera estancamiento, angustia, lástima, codependencia y otras pérdidas.

El potencial se puede definir de muchas maneras; entre ellas, como la capacidad escondida, el poder sin desarrollar, energía acumulada lista para ser usada, toda habilidad propia (talentos), y dones dados por el Creador a ti.

Estas son algunas ideas de lo que es el potencial del ser humano:

- Es todo lo que puedes llegar a ser, pero que todavía no has llegado a serlo.
- Lo que tú puedes hacer, pero no has hecho.
- Es donde tú puedes ir y todavía no has ido.
- Lo que tú puedes imaginar, pero todavía no has imaginado.
- Es parte de la semilla o genética que el Creador te dio, con un propósito específico dentro de toda la creación.

Cada cosa o ser viviente creado por Dios fue bendecido con un potencial y un propósito, de igual manera el hombre y la mujer tienen un potencial dentro de sí mismos. Eres maravilloso y único y trasciendes lo material y las acciones temporales, eres más que nacer, crecer, reproducirse y morir. ¡Descubre tu potencial!

Te voy a sugerir tres aspectos a revisar para que descubras y desarrolles tu potencial: lo primero que puedes hacer es conocerte a ti mismo, disponerte para aprender y empezar a crecer.

¡Dedica tiempo para conocerte más y mejor!

Conocerte a ti mismo es descubrir el potencial que hay en ti. Tienes que ser y luego hacer. Primero *eres*, luego haces. Sé tú mismo y no imites, no trates de ser como otros, eso de imitar es desgastante y lo peor es que te perderás de ser tú mismo. ¡Tú eres la mejor versión de ti!

> Empieza por saber cuál es tu personalidad. ¿Eres extrovertido o introvertido? ¿Qué tipo de temperamento tienes? ¿Conoces tus límites físicos y emocionales?
> ¿Estás aprovechando tus fortalezas?

Cuando hablamos de personalidad es difícil elaborar una definición precisa y amplia de lo que es; sin embargo, la entenderemos como el *"patrón de sentimientos y pensamientos ligados al comportamiento que persiste a lo largo del tiempo y de las situaciones"*. Esto quiere decir que la personalidad se refiere a aquellos aspectos que distinguen a un individuo de cualquier otro, y en este sentido la personalidad es característica de una persona.

El segundo aspecto es que la personalidad persiste a través del tiempo y de las situaciones. Algunos teóricos ponen énfasis en las experiencias de la primera infancia, otros en la herencia, y otros atribuyen el papel fundamental al medio ambiente. Como quiera que sea, tu personalidad es el resultado de diferentes y valiosas experiencias que podrían parecerse a otras, pero tú eres una persona única y diferente.

Tu historia es única y valiosa. Quizá dirás: *"es que yo tuve una infancia terrible, me abandonaron, sufrí el rechazo, decepción y sé lo que es vivir con tristeza"*. Ante situaciones dolorosas y pérdidas insustituibles tienes dos opciones: te quedas llorando y abrazando el dolor, viendo hacia atrás o…, te levantas, te sacudes y empiezas a construir tu presente y futuro. Mira hacia el horizonte donde está el sol, el verano, tu realización, tu satisfacción.

Cuando hablamos de personalidad, siempre me gusta compartir el siguiente ejercicio que puede resumir bien lo que te estoy diciendo: trata de escribir tu nombre (y apellidos si quieres) con la mano que usualmente no usas para escribir. Que los izquierdos escriban con la derecha y los que son derechos escriban con la izquierda.

Para aclarar un poquito más algunos aspectos de la personalidad, recordaremos en resumen los cuatro tipos de temperamentos conocidos mediante sus características más comunes:

1. Temperamento Sanguíneo

Es extrovertido, comunicativo y manifiesta alta flexibilidad a los cambios de ambiente. Persona receptiva por naturaleza. Tiende a tomar decisiones basándose en los sentimientos más que en la reflexión.

Por lo general, habla antes de pensar, es muy activo e intuitivo.

2. Temperamento Colérico

Posee un nivel alto de actividad y concentración de la atención, aunque tiene alta reactividad a los estímulos del medio, es decir, más reactivo que el sanguíneo. Es rápido para hablar y actuar. Cuando se le describe o dice algo que le molesta o desagrada, trata de callar de forma violenta a las personas que se lo dicen. Práctico en sus decisiones, autosuficiente y sobre todo independiente. Se fija metas y objetivos. Es muy ambicioso. Valora rápida e intuitivamente y no reconoce los posibles tropiezos y obstáculos que puede encontrar en el camino si busca lograr una meta.

3. Temperamento Flemático

Se caracteriza por tener una baja sensibilidad, pero una alta concentración de la atención. Su sistema nervioso tiene una baja reactividad a los estímulos del medio. Tiene una estructura introvertida y posee baja flexibilidad a los cambios de ambiente. Es equilibrado, tranquilo, no pierde la compostura y casi nunca se enfada. Desarrolla buena elocuencia. No busca ser un líder, sin embargo puede llegar a ser uno muy capaz. Son personas altamente racionales, calculadoras y analíticas. Es el tipo de persona más fácil de tratar y es por esa naturaleza el más agradable de los temperamentos. Se toma su tiempo para la toma de decisiones.

4. Temperamento Melancólico

Posee un alto nivel de concentración de la atención, así como una baja reactividad ante los estímulos del medio, igual que el flemático. Es introvertido; sin embargo, puede actuar de forma extrovertida. Sus tendencias perfeccionistas y su conciencia hacen que sea muy fiable, pues no le permiten abandonar a alguien cuando están contando con él. Posee un gran carácter que le ayuda a terminar lo que comienza. Pero es difícil convencerlo de iniciar algún proyecto, debido a que siempre está considerando todos los detalles, pros y contras en cualquier situación. Más minucioso que el flemático. Suele ser analítico, dotado de talentos. Más sensible que los otros temperamentos. Es el que consigue más disfrute de las artes.

La información anterior, te puede ayudar para conocerte mejor y conocer a los potenciales clientes, te permitirá estar atento a las señales que muestren, pero no hagas un diagnóstico, no des nada por obvio, no caigas en la trampa de suponer, ni mucho menos subestimar.

Al respecto, Zig Ziglar nos invita a hacer una consideración valiosa que aporta más elementos que nos facilitarán venderle a los diferentes tipos de personalidad. Este autor hace la siguiente calificación:

"Los briosos son los que requieren ser atendidos en primer lugar porque son impacientes. Son las personas que te dirán: ¡vamos al grano! Están orientados a los resultados.

Los amistosos piensan que cada reunión es una fiesta, y si no lo es, ¡debería serlo! Están orientados a las personas.

Los sinceros son los que te van a generar seguridad como una fuerza estabilizadora dentro de cualquier grupo. Son estables, saben escuchar y son cooperativos. Están orientados al grupo.

Los competentes son perfeccionistas por naturaleza. Son analistas, rigurosos y detallistas. Están orientados a la calidad."

Antes de empezar a "conocer" a un cliente debes mirarte a ti mismo, hacer una introspección (exploración interna).
¿Eres brioso, amistoso, sincero o competitivo?

No hay temperamentos buenos y malos, ni mejores y peores. Está claro que quisiéramos tener las características que mejor nos parecen de cada temperamento y categoría; sin embargo, todas las personas tenemos algunas características compartidas, pero es evidente que todos y cada uno tenemos nuestro temperamento dominante. ¿Cuál es el tuyo?

Lo anterior te permitirá indiscutiblemente entenderte más y sacar mayor provecho de tus capacidades, de tu trabajo, de las oportunidades e incluso de las crisis y adversidades de la vida.

Como parte de la personalidad está el carácter. Hay diversas definiciones y opiniones acerca del carácter; sin embargo, para nuestro objetivo entenderemos carácter como la esencia de la persona, en mis palabras, lo que realmente soy cuando estoy solo sin nada que aparentarle a nadie. Cabe aclarar que la reputación es lo que la gente sabe de mí, o mejor dicho, lo que quiero que la gente conozca y diga de mí.

Diría entonces que el carácter es la base de la personalidad, alimentado por el temperamento (que se empieza a desarrollar desde la infancia) y este carácter se deja entrever mediante las actitudes personales o sociales, más conocidas como la reputación.

Entonces, dedícate a ser tu mismo y luego a hacer lo que mejor haces. Sea cual sea tu forma (personalidad), tu estilo de trabajo, o experiencia de vida, da lo mejor de ti y obtendrás los mejores resultados de todo lo que digas y hagas. Imprímele pasión a todo lo que hagas.

Ya sea que quieras, o que necesites mejorar tus ventas, sigue leyendo porque lo que viene es para ti, estoy seguro de que los principios aquí expuestos traerán confirmación de tu forma de ser y de la manera en que trabajas y podrás descubrir un nuevo camino de éxito que te llevará a experimentar el descanso emocional y económico que tanto deseas.

"Elige un trabajo que te guste y no tendrás que trabajar ni un solo día de tu vida". Confucio

En los centros educativos se ha venido enseñando, a través de programas y libros, que debemos estudiar bastante para llegar a tener un buen empleo. El sistema educativo formal y la sociedad misma creamos, aceptamos y por mucho tiempo hemos reproducido ese paradigma limitado, excluyente y ya obsoleto. Sin embargo, debo decir que hay más posibilidades de las que conocemos para hacer dinero. Una cosa es "ganarse" un salario, otra es hacer o generar dinero y algo mayor es hacer que el dinero trabaje para uno.

Hoy celebro que esa idea antaña de estudiar mucho por un buen empleo ha venido cambiando, gracias al Siglo XXl, donde el conocimiento y la tecnología son las principales herramientas para hacer negocios. En este nuevo siglo hay nuevas formas de hacer dinero. Hoy sabemos y entendemos que podemos aspirar y buscar nuestra realización no sólo siendo empleados, sino generando empleos, empresas e ideas nuevas, que sean mucho más rentables. (En el próximo apartado ampliaré este punto).

Todo cambió. Las enfermedades han evolucionado, son más fuertes, han aumentado en número y en frecuencia; las relaciones humanas han cambiado, ahora es más impersonal, en parte por la gran variedad de medios o canales tecnológicos que tenemos para comunicarnos, ahí se ha perdido el calor humano, el trato gentil.

Ante esos cambios tenemos grandes oportunidades de aprender, de crecer, de generar riqueza. Por ejemplo: puedes rescatar lo que sí funcionó en el pasado, como es el trato amable, respetuoso, ser responsable, confiable y te garantizo que tendrás mucho éxito en esta profesión de ventas.

Dispóngase para aprender

Como dije anteriormente lo que recomiendo para seguir creciendo es seguir aprendiendo. Aprender más de la vida y claro, de tu profesión, de la historia y naturaleza de las ventas, de la situación actual del comercio y tendencias nuevas de la economía del Siglo XXI. Debes conocer la realidad que te rodea, los cambios que ha sufrido esta profesión, técnicas o métodos para vender y muchos factores más relacionados.

¿Qué es aprender? ¿Cómo se logra? ¿Dónde logro una educación de negocios eficiente y aplicable al mundo actual? Responder estas y otras preguntas se hace necesario si se quiere crecer como persona y como profesional.

Parafraseando a Charles King, en su libro: *"Los nuevos profesionales"* dice que los empresarios del siglo XXI tienen características nuevas y una de ellas es educación financiera.

Aprender es un proceso, dinámico y constante, es recibir enseñanza-aprendizaje que va más allá de aprender nuevos conocimientos teóricos o nuevas técnicas para lograr una venta. Este proceso implica trabajo, en otras palabras aprender haciendo, y en algunas ocasiones le tocará desaprender lo que ya sabe, modificar información e incluso desarraigar costumbres dañinas para su salud mental, emocional y relacional, y de esta manera empezar a incorporar nuevos conocimientos y hábitos para adquirir así nuevas experiencias de vida.

Es necesario establecer un plan de aprendizaje, ya sea de manera individual o grupal, que busques tu propio crecimiento. Si eres profesional independiente intégrate al colegio profesional que te respalda y actualízate constantemente con seminarios, foros, conferencias, entre otros.

Si eres empleado y perteneces a una empresa, aprovecha el plan de capacitación previamente establecido por tu compañía. Asiste a cada actividad programada en tu área de ventas, participa en cada seminario organizado para crecimiento personal.

Si quieres vender exitosamente, elabora un plan de ventas (de ser posible de mediano y largo plazo), facilita este plan con pasos a seguir o metodología clara, acciones semanales y diarias, apoyándote en una línea base para que puedas ir midiendo el avance real. Esto es organización y disciplina, dos elementos necesarios para la persona exitosa en ventas y en la vida en general.

No recicles modelos de ventas, ni técnicas que han funcionado anteriormente a otras personas o en otros países porque esta profesión está en constante cambio. Suele cambiar de dirección, surgen nuevos servicios y productos (quizá más rápido de lo esperado), entonces no uses enlatados, mejor planifica de acuerdo con su experiencia y realidad actual. Los dinosaurios se extinguieron, los moldes viejos se rompieron e incluso paradigmas sociales, religiosos y económicos han quebrado precisamente por la rapidez y variedad de los cambios contemporáneos de este siglo.

Al respecto, el autor Robert Kiyosaki tiene mucho que enseñarnos en su libro *"El cuadrante del flujo de efectivo"*, donde nos inspira y enseña a generar riqueza. Nos invita a reflexionar sobre el sistema económico que conocemos y darnos cuenta de cómo nos ha limitado y lo peor es que, ya no es funcional. Piensa en esto: ¿podemos obtener resultados diferentes si seguimos haciendo lo mismo?, ¿si durante los últimos diez o quince años hemos tenido una economía estrecha o limitada, qué nos asegura que va a cambiar si seguimos haciendo lo mismo?

De esta manera, el autor nos impulsa a pasar del cuadrante E (empleado) al cuadrante A (autoempleado o profesional independiente). También nos invita a ir más adelante, más profundo en busca de la libertad financiera, entonces propone movernos hacia el cuadrante D (desarrolladores de proyectos), aquí es donde tú y yo empezamos a desarrollar proyectos y negocios rentables, donde el dinero empieza a trabajar para nosotros hasta llegar a convertirnos en inversionistas.

Lo que quiero rescatar por ahora del cuadrante D es el cambio de mentalidad, unido al cambio de actitud ante la vida. Darte cuenta que debes tomar las riendas de tu economía y empezar a hacer proyectos inteligentes, trabajos más intelectuales, de menor fuerza y mayor pensamiento.

Tal vez te preguntarás quién puede convertirse en un desarrollador de proyectos, la respuesta es sencilla, cualquier persona que quiera desarrollar una red de mercadeo puede hacerlo, siempre y cuando cuente con un equipo y un sistema de capacitación profesional que le enseñe a hacerlo.

De las redes de mercadeo diré algunas verdades:

- Son empresas debidamente establecidas y altamente rentables.

- Constituyen una gran industria que inició hace más de cincuenta años y ahora es la megatendencia económica del siglo XXl.

- Son negocios que permiten ganar y generar dinero de manera inteligente (por ganancias residuales o ingresos pasivos)

- Han cambiado la manera tradicional de comercializar un producto, un servicio o una marca. En síntesis, han eliminado la cadena de intermediarios, la cual ha encarecido los productos por tanto tiempo.

- Son aptas para cualquier persona que decida hacerlo de manera responsable a corto, mediano y largo plazo.

- Hay unas redes de mercadeo enfocadas en las ventas y otras son redes de consumo.

- Antes de tomar la decisión de ingresar a una red de mercadeo debes tomar en cuenta: la compañía, el producto, el plan de pagos o compensación y ver si cuentan con un sistema educativo, es decir, la manera correcta de hacerlo.

Es sólo una pincelada para que te des cuenta de que existe una nueva megatendecia económica mundial y a la vez invitarte a investigar, explorar y crecer.

¿Cómo pasar de ser empleado a empleador? ¿Cómo lograr realizarse en la vida? Utilizando los recursos internos o el potencial que todos tenemos, dando énfasis a las fortalezas más que a las debilidades. Hoy sabemos que las fortalezas pueden ser las habilidades personales, cualidades (talentos), la experiencia de vida y la propia personalidad. Yo diría que no tenemos debilidades, sino carencias, es decir, habilidades que no tenemos o que no sabemos y otras que no podemos hacer o por lo menos no deberíamos meternos en ciertas áreas que no dominamos.

Tanto las fortalezas como las debilidades te hacen único y diferente, puedes celebrar ambas porque las primeras te generan bienestar, sensación de logro, de conquista, de autorrealización, y conocer las "debilidades", te evitan malgastar tus fuerzas, gastar dinero y evitar frustraciones sabiendo que esas tareas, oficios o "cosas" no te tocan a ti.

¡Empieza a crecer!

Dicen algunos estudios científicos que la mayoría de seres humanos sólo utilizan menos del 5% de la capacidad de su cerebro. Aunque parezca mentira, pensar es un acto intencional, consciente y voluntario de cada persona. Pensar es más que saber o hacer algunas relaciones, pensar implica razonar. Thomas Edison dijo: *"Quien no se resuelve a cultivar el hábito de pensar, se pierde el mayor placer de la vida"*.

La etapa de desarrollo dura toda la vida y es cuando tenemos la posibilidad de encontrar padres, mentores y líderes, ya sea intencionalmente o por accidente. Estas personas nos ayudarán a descubrir el potencial a desarrollar y compartir lo mejor de cada uno de nosotros. Para lograr un mejor desarrollo empieza por creer en ti y en lo que haces, así estarás más seguro y lograrás avanzar hasta donde quieres llegar.

Quizá tengas personas a tu alrededor mal educadas, negativas, que sólo ven el punto negro en la pared blanca, esos que andan listos para serrucharle el piso a cualquiera, déjalos atrás, no te distraigas ni pierdas tu tiempo con ese tipo de personas, eso sí, no dejes que le pongan topes o límites a tu potencial. La buena noticia es que también hay personas maravillosas que nos alientan, que nos impulsan, que nos ayudan a sacar nuestro potencial. Esas personas siempre tienen algo lindo que decir de ti, de otros y de la vida misma.

> Tu potencial no será desarrollado hasta que no asumas un compromiso con tus pensamientos, sueños y planes.

Hay quienes desarrollan su potencial llegando a ser personas que impactan al mundo en diferentes áreas, no importando la cultura, la época, las limitaciones, ni la situación socioeconómica.

Propuse anteriormente aprender a pensar porque todos tenemos pensamientos y es una de las fuentes de donde surgen las ideas. No hay ideas locas, sólo ideas innovadoras, adelantadas a la época, ideas que superan las expectativas y una vez que la persona asume ese compromiso con sus pensamientos tendrá sueños claros y de inmediato hará planes para realizar esas ideas que se convertirán en metas.

Son muchos los ejemplos de gente que pensó, soñó y planeó sus ideas. Planear es sólo el principio para hacer realidad una idea, a partir de ese momento se empieza a mover todo internamente, aunque alrededor no se vea movimiento o avance aparente.

Recordemos ahora algunos ejemplos de personas que vivieron por un sueño claramente definido y con una trascendencia de impacto mundial, que en algunos casos ni siquiera ellos imaginaron al iniciar su lucha y que hoy continúan inspirándonos a vivir la vida intensamente, con entrega y pasión:

Martín Luther King dijo: *"tengo un sueño"* y empezó a trabajar y a caminar por él. A pesar de todos los obstáculos que tuvo que enfrentar hasta lograrlo, aún después de ser asesinado ya conocemos los alcances de "su sueño".

La madre Teresa dijo: *"lo que tomó años en construir puede ser destruido en una noche, construye de todas formas"*. Ella demostró que se puede construir y cambiar el entorno inmediato, aún en medio de la pobreza de Calcuta, sin tener recursos económicos y superando todas las barreras.

Mahatma Gandhi nos confirma lo que estoy diciendo: *"realmente soy un soñador práctico; mis sueños no son bagatelas en el aire. Lo que yo quiero es convertir mis sueños en realidad"*.

Albert Einstein elaboró la teoría de la relatividad, pero antes tuvo que superar rechazos de su familia, maestros y amigos, incluso fue expulsado de su país natal. Él dijo: *"hay una fuerza motriz más poderosa que el vapor, la electricidad y la energía atómica: la voluntad".*

Thomas Edison dijo:
"toda persona debe decidir una vez en su vida si se lanza a triunfar arriesgándolo todo si se sienta a ver el paso de los triunfadores".

¡Gracias a este hombre hoy disfrutamos de la electricidad!

Walt Disney trató de conseguir trabajo en un periódico como dibujante y le dijeron que se dedicara a otras cosas porque él no sabía dibujar. Luego de esto creó la industria millonaria que todos conocemos.

Así que los líderes son personas comunes como tú y como yo, que descubren y desarrollan su potencial.

El buen líder no solamente sabe para dónde va, sino que puede inspirar a otros a ir con él o con ella.

Así que recibe esto: ¡eres una persona con un gran liderazgo! Entonces nos vemos adelante, allá en la cima, porque de seguro llegaremos y sé que pondrás en práctica los principios expuestos en este libro para tu bienestar personal, familiar y social.

Capítulo 2

Creatividad: motor de las ventas

La creatividad es el motor de la persona vendedora, el combustible que te impulsa a intentarlo una y otra vez, es la iniciativa puesta en práctica, el impulso que te lleva a lugares donde otros no quieren ir. Dije bien: "otros no quieren ir", porque si hay gente allá, de seguro hay necesidades que suplir y formas de llegar a ellos.

La creatividad entonces es una característica que debe tener toda persona que se dedique a las ventas y en muchas otras profesiones, incluso en las relaciones de pareja y familia, para evitar la rutina, el estancamiento y la pérdida de energía. Ya sea un producto, un servicio material o intangible el que vendas es necesario que uses creatividad.

Para la creatividad se requiere que seas intrépido, optimista y que desarrolles una visión sin límites. Pongamos esto en perspectiva para vender más y mejor.

Ser intrépido es hacer la fila correcta, tocar las puertas necesarias, contactar a los clientes adecuados, lo cual te permitirá ahorrar tiempo y dinero, pero definitivamente ser intrépido es ir más allá del promedio en esfuerzo, valentía y creatividad. Ser creativo es ser extraordinario. Es decir, caminar la milla extra, preparación extra, practicar más técnicas de ventas, superarte cada vez más a ti mismo y así podrás ser una persona extraordinaria. ¡Cuántas veces he visto a gente haciendo la fila incorrecta y al llegar a la ventanilla le dicen que la fila donde debería estar es la de al lado o queda en otro lugar!

Ser intrépido también es buscar que las cosas ocurran, hacer preguntas correctas para obtener información y generar cambios a tu alrededor.

Para ser creativo se requiere una dosis de optimismo, esto es saber y creer que hoy me puede ir mejor que ayer. Que donde otros han fallado, yo puedo acertar. Tiene que ver con fe, algo así como llamar las cosas que no son (todavía) como si ya fueran. Claro está, no es sólo pensamiento positivo, es vocabulario correcto (hablar en positivo) y actuar positivamente en pro de la visión que tienes. Para esto existe la ley de atracción que deberías conocer para que funcione positivamente en tu vida.

Un día llegué a una empresa a brindar asesoría de pensiones y uno de los compañeros me dijo: "aquí a nadie le ponen atención, de hecho ya uno sabe lo que va a pasar".

Me quedé pensando por un momento y me dije ¿cómo podemos saber lo que va a pasar? Entonces empecé con optimismo a entregar información escrita, es decir, poner en las manos de los que pasaban cerca, información valiosa para su futuro económico, los saludaba e invitaba a que se acercaran en el momento que más les convenía. Recuerdo que fue hermoso, tuvimos muchos clientes en el stand y claro muchos decidieron afiliarse en una empresa donde se creía que nada pasaría.

Es un error pensar que sabemos que algo pasará, o deducir que algo será igual porque la estadística lo demuestra por ocasiones anteriores, pero si alguien empieza a decir y a comportarse como si nadie lo va a atender, como si nadie le va a comprar, así será.

Tener visión implica saber hacia dónde va, y saber en qué quiere convertirse. Alguien dijo: *"apunta a la Luna, quizá logres una estrella"*. Eso es visión sin límites. ¿Por qué conformarse con lo que todos hacen? ¿Por qué seguir la ruta trazada por nuestros antecesores? ¿Tú crees que sería mejor iniciar una nueva forma de conquistar, vender, o de avanzar? ¿Crees posible lograr ese sueño que tienes y por el cual estás trabajando? ¿Ya corriste las "estacas" de tu tienda, es decir, ya ampliaste tu horizonte y levantaste tu meta para este mes, para este año, para los próximos años?

Anímate a caminar la milla extra.
Atrévete a tener sueños grandes, al fin y al cabo tú tienes un potencial grande y único que muchos están necesitando, así que sal de donde estés y empieza o continúa conquistando.

Creatividad en la renovación

Henry Ford dijo: "renovarse o morir". De eso se trata, de usar la creatividad para avanzar, pero también para mantenerse vendiendo en buena forma, mantenerse en el negocio con salud integral. Porque algunos están ejerciendo la profesión de ventas, pero ya están enfermos física y/o emocionalmente. Es necesario renovarse para prevenir, es decir, hacerse una revisión periódica para comprobar qué actitudes y prácticas cotidianas son favorables, saludables y cuáles te están afectando. Revisa tu salud integral para que prevengas enfermedades como la gastritis, colitis, estrés crónico, migrañas y hasta evitar ataques cardiacos.

Renovarse también es adelantarse y estar preparados a los cambios que puedan ocurrir y afectar negativamente, de manera tal que tú o tu empresa logren adaptarse con facilidad y evitar pérdidas.

Piensa en esto: ¿cuándo fue la última vez que hizo algo por primera vez? Muchas veces hemos dejado de ser efectivos porque dejamos la creatividad de lado, recuerda que no avanzar es igual a estancarse. ¿Has notado que cada vez que hacemos algo nuevo o aprendemos un nuevo hábito nos sentimos bien con nosotros mismos y de seguido empezamos a tratar a los demás de mejor manera? Esa novedad o innovación positiva es un logro personal, que te reta y genera adrenalina en el cuerpo y activa los neurotransmisores del cerebro, llevándonos a obtener más y mejores resultados.

¿Hace cuánto asististe a un seminario o a una capacitación de ventas? ¿Cuándo fue la última vez que leíste un libro relacionado con tu profesión? ¿Cuándo fue la última vez que escuchaste a alguien compartiendo sus experiencias profesionales y de vida?

> **Procura vencer la cultura de mediocridad, el "pobrecito", la actitud conformista.**

Deja de lado frases como: *"no hay", "no sé", "no puedo", "el mercado está muy difícil", "tal vez", "quién sabe".* Recuerda: *¡no dejes para mañana lo que puedes hacer hoy!*

Creatividad para prospectar

Todos sabemos que hay que prospectar o buscar los clientes rentables. Recordemos que el 20% de mis clientes generan el 80% de mi utilidad. Hay negocios de ventas masivas donde lo que conviene es tener mucha gente afiliada o consumiendo nuestros productos y servicios. Hay otros negocios que apuntan a clientes empresariales (más selectos) o que mueven grandes cantidades de dinero y esto les permite ser rentables y desarrollar otros negocios. Cualquiera que sea la naturaleza de tu negocio siempre es bueno prospectar o buscar a los clientes realmente rentables sin dejar de lado a todos los demás.

Para encontrar esos clientes que pueden contribuir con tu economía, debes conocer bien tu empresa, tus productos y servicios (características, funciones, cuáles son las ventajas que un cliente obtiene al comprarte), además buscarás personas que realmente se vean beneficiadas con lo que vendes, por eso es tan importante que conozcas el perfil de tus clientes, así tendrás altas probabilidades de vender.

Debes moverte a los círculos sociales donde puedes encontrar los clientes que necesitan lo que tienes para ofrecerles. Si recién llegaste a una ciudad, muévete a conocer gente nueva que tengan algún tipo de influencia. Compra los periódicos y revistas más importantes de tu país, ahí salen nombres y apellidos de personas que están en política, deportes, farándula y otros sectores de la población. Este consejo me lo dio mi amigo Josué Rodríguez, quien es un experto asesor de pensiones y me dijo que si algún día quería prospectar de esa manera, funcionaba.

Entonces conseguí algunos periódicos (recuerden que hay que estar dispuestos para aprender), busqué información personal y escribí a sus correos, lo cual fue muy bueno porque logré citas con dos personas influyentes de la política en mi país. Los visité, asesoré y por supuesto que se afiliaron conmigo y me gané la comisión (¡una ganancia para recordar!)

Otra idea que te doy es que estés enterado de las actividades que se realizan en tu ciudad o alrededores, donde se convoquen o acudan clientes del perfil que tú necesitas y sólo ve a disfrutar la actividad o fiesta, ahí lo que se busca es conocer gente nueva y empezar a establecer relaciones. Claro, si se requiere entrada deberás conseguir una, porque si no la tienes te arriesgarás a pasar una gran vergüenza.

Por ahí dicen: *"no hay que saberlo todo, hay que tener los números de los que lo saben"*. Esto tiene algo de cierto porque cada persona tiene un círculo de amigos que se pueden interconectar personal o virtualmente.

De ahí que, otra herramienta de apoyo para vender más es usar las referencias que tus clientes te puedan facilitar. Después de demostrarles tu conocimiento, tu interés por suplir sus necesidades, y por supuesto, después de que hayas cumplido tu servicio con calidad y que el cliente esté disfrutando los beneficios de haberte comprado, esa persona estará lista para referirte a toda su familia, a la empresa donde labora, colegas e incluso proveedores para que te compren.

Contactar a otros referidos por tu cliente te da altas probabilidades de ventas, ya te han hecho promoción, han contado de tu forma de vender más que de los servicios y productos que vendes. Las personas referidas que te reciban estarán muy anuentes y dispuestas a conocerte y a los beneficios que ofreces.

Cuando otros hablan por ti, ganas mayor credibilidad. Cuando otros dicen lo que eres capaz de hacer, vendes más.

De esta manera siempre tendrás nuevos clientes para seguir vendiendo por mucho tiempo y mantenerte sano, sin el estrés de andarlos buscando. Te ahorrarás tiempo y dinero porque serán ventas adelantadas que se cierran cuando estés frente al cliente.

Capítulo 3

Las crisis como oportunidades de desarrollo

Me encanta la opinión de Albert Einstein acerca de las crisis como oportunidades de desarrollo, posibilidades de cambio, de avance, de descubrimiento. Les comparto esta cita del científico Einstein con el objetivo de inspirarlos a continuar en la gran profesión de ventas.

"No pretendamos que las cosas cambien, si siempre hacemos lo mismo. La crisis es la mejor bendición que puede sucederle a personas y países, porque la crisis trae progresos. La creatividad nace de la angustia como el día nace de la noche oscura. Es en la crisis que nace la inventiva, los descubrimientos y las grandes estrategias. Quien supera la crisis se supera a sí mismo sin quedar superado.

Quien atribuye a la crisis sus fracasos y penurias, violenta su propio talento y respeta más a los problemas que a las soluciones.

La verdadera crisis, es la crisis de la incompetencia. El inconveniente de las personas y los países es la pereza para encontrar las salidas y soluciones. Sin crisis no hay desafíos, sin desafíos la vida es una rutina, una lenta agonía. Sin crisis no hay méritos.

Es en la crisis donde aflora lo mejor de cada uno, porque sin crisis todo viento es caricia. Hablar de crisis es promoverla, y callar en la crisis es exaltar el conformismo. En vez de esto, trabajemos duro. Acabemos de una vez con la única crisis amenazadora, que es la tragedia de no querer luchar por superarla."

Aunque ya lo sabemos, e incluso puede parecernos tonto decir que si seguimos haciendo lo mismo, seguiremos obteniendo los mismos resultados; parece que la mayoría de personas siguen diciendo y haciendo lo mismo en las diferentes áreas de la vida. Atrévete a generar cambios sabiendo que pueden causarte algunos sentimientos incómodos, pero no es crisis, sólo es cambio. No le tengas miedo al cambio, porque el cambio es el momento para moverse, para aprender, soltar, dejar ir, para recibir, planear, implementar, es decir, para vivir.

Quiero compartirles de manera resumida, el ABC de las ventas: Actitud, Barreras y Consecuencias

La actitud adecuada para las ventas hace la diferencia entre el vendedor profesional y los demás.

Esta actitud es la vocación de servicio, es decir, hacer lo que a uno más le gusta, atender la necesidad interna de tu corazón o responder al latido más fuerte de tu corazón, sólo tú puedes saber dónde palpita con mayor fuerza y dedícate a hacerlo. Eso es vocación y esa actitud hace la diferencia.

> La actitud correcta implica humildad
>
> para aceptar que necesitamos mayor
>
> preparación, pedir ayuda
>
> cuando sea necesario.

Siempre haz el pedido de producto, solicita órdenes de compra, lleva muchos formularios e inicia el día como si fuera tu primero, lleno de expectativas e ilusiones y otra vez te digo, nunca dejes de soñar. Tú determinas el presente y tu futuro.

Los seres humanos somos seres sociales por naturaleza, tenemos la capacidad y necesidad de relacionarnos. En esta interrelación se manifiestan los valores de las personas y también sus limitantes. Por esta razón el profesional de ventas deberá conocer y evitar algunos rasgos no agradables de la naturaleza humana como son: el egoísmo, la soberbia, la negatividad o pesimismo y ser desagradable, sin caer en la hipocresía.

Las barreras mentales son los mayores obstáculos para alcanzar sueños, están dentro de nosotros mismos. Esas barreras mentales que hemos levantado por años, donde la gente nos ha dicho que no podemos y nosotros nos afirmamos esas ideas tontas, sin fundamento. Éstas han hecho que muchas personas renuncien a sus sueños y estén sólo respirando mientras llega la muerte.

Sé que estamos bombardeados y recibimos diariamente malas noticias, desastres naturales, empresas quebradas, aumento de la violencia, incremento del índice de desempleo, incluso ejemplos decepcionantes de figuras públicas y seres queridos que pensábamos que nunca harían algo malo.

La gente sabe descalificar, hablar mal de los demás, criticar, juzgar y chismear, son pocos los que saben edificar. Pero con todo y eso tú eres quien decide qué pensar, qué decir y qué hacer en la vida. Nadie más es responsable de tus decisiones.

Hay personas tan acostumbradas a pensar y hablar en negativo que terminan creyendo en las leyendas urbanas y otras fantasías, pero si alguien aparece soñando o luchando por un sueño, los demás empiezan a verlo "raro", diferente, salido de lo "normal", socialmente hablando. Para algunos es más fácil creer en lo falso que en lo verdadero. Para empezar, no es fácil definir lo normal. ¿Quién dijo qué es normal, desde dónde lo dijo, cuándo alguien o algo es normal o no?

Sólo tú sabes cuáles son tus barreras mentales que debes derribar si en verdad quieres triunfar. Te toca vencer. Quizá estés paralizado por miedos y temores fundados en mentiras o falsedades, o estés cargando una culpa de algo que pasó, algo que dijiste o hiciste, o tal vez sigas llorando la pérdida de un ser querido o de algo apreciado, sea cual sea tu situación, estás privando al mundo de tu ingenio, de tu belleza, de tu potencial.

Fuimos creados con un propósito, tenemos la semilla de la grandeza, estamos dotados para triunfar, empezando porque somos únicos e inigualables. Partiendo de este hecho, nadie podrá hacer tu oficio o desarrollar un proyecto como tú lo puedes hacer.

Las consecuencias siempre dependerán de las decisiones que tomemos, pero la actitud adecuada hace la diferencia en el impacto que tengan las consecuencias. El ser humano tiene libre albedrío para tomar decisiones, pero siempre las consecuencias serán resultado inevitable de cada acción realizada.

Aquí aplica la ley universal de siembra y cosecha, todo lo que se siembra es lo que se recoge. Así que recuerda: siempre que des lo mejor de ti, obtendrás lo mejores resultados que ninguna otra persona podría recibir. Hay personas que están viviendo las consecuencias o recogiendo el fruto de sus decisiones pasadas. Es inevitable para todo ser humano pasar por momentos dolorosos, de escasez, de inseguridad, y la única manera de disminuir el impacto de las consecuencias es sabiendo estas verdades y estando preparados para afrontar esos tiempos difíciles.

"Había una vez un campesino sabio y su hijo que tenían un caballo. Un día el animal se les escapó y los vecinos del pueblo les fueron a consolar por su mala suerte, pero el campesino les dijo: *"el único hecho cierto, hoy aquí, es que se ha escapado un caballo. Si eso es buena o mala suerte, el tiempo lo dirá".*

Unos días después el caballo regresó con una yegua y los vecinos del pueblo felicitaron al campesino y a su hijo por su buena suerte. Como la vez anterior el campesino les dijo: *"el único hecho cierto, hoy aquí, es que el caballo ha vuelto con una yegua. Si eso es buena o mala suerte, el tiempo lo dirá".*

Tiempo después, el hijo del campesino, intentando domar a la yegua salvaje, se cayó y se rompió una pierna. El médico dictaminó que se quedaría cojo para toda la vida. Los vecinos fueron a casa del campesino y de su hijo para consolarlos. Una vez más el campesino dijo: *"el único hecho cierto, hoy aquí, es que mi hijo se ha roto una pierna. Si eso es buena o mala suerte el tiempo dirá".*

Entonces comenzó una guerra en aquel país y un grupo de guerreros vinieron a reclutar de manera obligatoria a todos los jóvenes del pueblo. Cuando se disponían a enlistar al hijo del campesino se fijaron que éste cojeaba de una pierna, entonces, el jefe de los guerreros le preguntó:

¿Qué te pasa en la pierna? El hijo del campesino contestó: *"me caí de una yegua mientras intentaba domarla. Nunca más podré caminar derecho o correr".*

Entonces el jefe dijo: "así no nos sirves para la guerra. Necesitamos hombres fuertes para combatir, harás mejor en quedarte con tu padre y tu mujer".

El campesino dijo: *"¿lo entiendes ahora hijo mío? Los hechos ocurridos no son buenos ni malos, lo que nos hace sufrir son la opinión que tenemos de ellos. Hay que esperar ver cómo afectan nuestro porvenir, pero no preocuparse, ni renegar. Un día maldijiste tu pierna y ahora es ella la que te ha salvado de una muerte segura"*

Capítulo 4

Enfócate en lo tuyo, no en la competencia

La palabra enfocarse tiene varios significados. Según el diccionario es: "dirigir un foco de luz hacia un lugar para iluminarlo", "descubrir y comprender los puntos esenciales de un asunto o problema para tratarlo acertadamente", entre otras.

Enfocarse es canalizar las energías, los recursos, la experiencia y la estrategia hacia un objetivo claro, amplio y realizable.

No te voy a hablar de administración porque ese no es el tema, pero es preciso recordar aquellas lecciones aprendidas en el pasado acerca de los negocios y las ventas: debes tener un objetivo general claro y objetivos específicos (pasos a seguir), conocer la misión (razón de ser de tu empresa), la visión (qué quieren llegar a ser o hacia dónde van), la estrategia de la empresa, las políticas y normas de trabajo de la empresa, entre otros aspectos fundamentales.

Quizá lo nuevo que descubras en este momento es que debes empezar a hablar de los beneficios que ofreces, apoyándote en las funciones y características de los productos y servicios que brindas. En este orden obtendrás más ventas y mayores resultados.

Desde hace un tiempo se sabe que es más efectivo hablar de beneficios que de productos y servicios. El profesional en ventas debe aprender a llenar al cliente de las características de su producto o servicio, pasando por las funciones y hasta llegar a los beneficios de los mismos. Es pasar del servicio (que todos brindan) a la satisfacción del cliente (que sólo tú puedes brindar). Ahí está el arte de las ventas.

¿Por qué pensar y plantear la venta de esta manera? Porque tiene que ver con lo que realmente busca y desea el cliente.

El potencial cliente quiere paz mental, bienestar físico y tener algo material (una casa segura para vivir, un carro o alguna otra adquisición), pero primero las personas buscan soluciones, es decir, satisfacer sus deseos y necesidades.

Si no hay una necesidad clara, tus ventas podrían ser insignificantes.

Recuerde que el deseo es lo que el potencial cliente quiere, no necesariamente lo que necesita. La gente siempre compra lo que desea, incluso por encima de lo que necesita. Quizá quiera una casa más grande de la que ya tiene, un carro más nuevo, estudiar en la universidad más popular de la ciudad, o cualquier otro bien material.

Es por esta razón que recomiendo empezar presentando los beneficios, dé a conocer las ventajas o beneficios que realmente se mantendrán en el tiempo. Entre más beneficios mayores probabilidades de lograr la venta. El vendedor profesional sabe bien que su rol es el de trasladar o convertir las características en beneficios para su posible cliente. Cualquiera puede aprender de memoria las características que tienen el producto o servicio, pero traducir esas características en beneficios sólo se consigue con habilidad, atención y práctica.

Ninguno de nosotros compra productos, compramos los beneficios o soluciones del producto. Como bien lo dijo Zig Ziglar en su libro Ventas: *"Si podemos dar a la gente una razón y una excusa para comprar, las probabilidades de que lo hagan aumentan considerablemente"*.

Dependiendo de lo que vendas así serán los beneficios que ofreces, por ejemplo: si vendes luces "LED" o incluso proyectos hidroeléctricos el cliente empezará a ahorrar dinero por menor consumo de electricidad; si eres funcionario bancario de seguro les darás a tus clientes, seguridad, confianza, respaldo; si vendes vehículos "verdes" o eléctricos le ahorrarás al cliente dinero en las facturas por combustible; si vendes membresías a un club específico los beneficios pueden ser variados.

Está claro que debes demostrar las funciones, es decir, la utilidad de tus productos y servicios, para qué sirven, cómo funciona cada parte. Dejar claro todo lo que el cliente puede hacer si obtiene tus servicios y productos.

Por último, menciona o indica las características de tus productos y servicios para cerrar la venta. El producto o servicio representa una marca, una trayectoria, y en algunos casos un estatus de pertenecer a un grupo de personas.

También hay personas que no hay que venderles, porque ellos se dedican a comprar todo, sólo tienes que llevarles el producto y como dice Ziglar: *"quizá no te han comprado el producto porque no sabían que existía o que tú lo tienes"*. A la gente le encanta comprar.

Al final, tienes que hablar de tu producto. Este es el reto, aunque la competencia vende productos iguales o similares a los tuyos, tienes que presentarlo mejor que los otros. Si encuentran lo que tienes y lo presentas bien, entonces te compran y tú ganas.

En resumen, para que obtengas los beneficios y ventajas que ofreces, el cliente potencial deberá comprar tus servicios y/o productos.

En mi experiencia he tenido que aprender a utilizar los tres elementos a la hora de vender. He dedicado varios años a realizar talleres y charlas desde una perspectiva psicológica y he practicado todo lo que les he dicho: buscar clientes (prospectar) de manera creativa, también desarrollar habilidades (escuchar activamente, hacer preguntas correctas), usar mi personalidad, hablar con la verdad y exceder las expectativas del cliente, pasar del servicio a la satisfacción del cliente.

Todas las empresas, centros educativos y algunos centros de reunión necesitan abordar temas vitales para su buen funcionamiento y desarrollo social y laboral.

Recuerdo que hace algunos años empecé a tocar puertas de empresas, a presentarles mis talleres y demostrar que realmente funcionan, es decir, primero presento los beneficios (ventajas), luego las funciones y por último las características de mis servicios.

Cuando contacto a un cliente o empresa para ofrecerles mi taller *"Vender es apasionante"* lo hago de esta manera:

-Bueno señor, con este taller usted obtendrá los siguientes beneficios:
- Obtendrá una herramienta más de uso cotidiano para los participantes.
- Se desarrollará confianza y empoderamiento en los vendedores.
- Mejorará la calidad de vida de los participantes.

- El taller abarca o afecta positivamente a la familia, porque al vendedor se le facilitan más ventas, puede sentirse más tranquilo y obtener más tiempo para sí mismo y su familia.

- El costo de la inversión es bajo. Es un beneficio porque la empresa ahorra dinero, tiempo y recursos al fortalecer su equipo actual y evitarse estar capacitando personal de nuevo ingreso.

- El personal que recibe alta capacitación crea un vínculo afectivo, se siente identificado con la empresa y se vuelve más leal.

- En algunos casos surgirán propuestas de la fuerza de ventas que a menudo son muy acertadas por la experiencia que ellos tienen.

Dentro de las funciones del taller menciono aspectos como los siguientes:

- Es de utilidad para toda la fuerza de ventas.

- Revisión de prácticas sanas y eficientes para confirmarlas y continuarlas.

- Desplazamiento o eliminación de prácticas dañinas y poco eficientes.

- Se abren espacios necesarios y libres para que la fuerza de ventas converse, pregunte, comparta logros y anécdotas.

Por último menciono las características propias del taller:

- Duración: una hora aproximadamente. Es flexible.

- Enfoque: área de ventas

- Dinámica del taller: dirigido con participación activa de los asistentes

- Cupo limitado para mayor aprovechamiento

- Contenido: conceptos teóricos, ejercicios, anécdotas, música.

- Metodología fácil de compartir y flexible, sujeta al equipo de trabajo

No hables mal de la competencia

Nunca hables mal de la competencia por varias razones. He aquí algunas:

- No sabes si alguna vez tendrás que ir a trabajar a la competencia.
- Algún día podrías necesitar un favor de un colaborador de la competencia.
- Hablar mal de la competencia es hablar mal de tu empresa y de todo el sector o industria que representas.
- Cada vez que hablas mal de la competencia, estás diciendo que no tienes nada mejor que ofrecer.
- La competencia te hace mejor competidor.

Hay miles de historias de vendedores que han tenido que ir a buscar empleo a la competencia, por la razón que fuera y les aseguro que algunos han encontrado un espacio, un recibimiento afectuoso, pero a otros los han rechazado por haber realizado comentarios y/o acciones en contra de la competencia a la que ahora solicitan ayuda. Además, la competencia hace que todos los involucrados seamos mejores. La historia ha demostrado que donde hay monopolios de una persona o empresa liderando o haciendo las cosas sola, entonces, hace lo que quiere, cuando quiere y como quiere. En cambio la competencia trae beneficios, como los siguientes:

- Generación de normativa por parte de los entes reguladores y supervisores.
- Más opciones de empleo y en algunos casos mejores salarios.
- Modelos de comisión diferentes y más atractivos.
- Diversidad de productos y servicios.
- Oportunidades de empleo.

Por eso enfócate y deja que la competencia haga lo suyo. Tú sigue por el camino del éxito, aprendiendo y creciendo.

Capítulo 5

Una buena comunicación es vital

Una de las armas más potentes para impulsar las ventas es la correcta comunicación. Tu comunicación es definitiva. Dicen algunos estudiosos del tema que la comunicación es una mezcla de ciencia y arte. Hay elementos científicos y artísticos que se mezclan constantemente, por eso hay que saber combinarlos. Ahí está el arte, en saber qué combinar, con qué y en qué momento.

En esta profesión, las palabras tienen un papel protagonista. Las palabras pueden construir o destruir vidas, también permiten expresar las ideas, hacer sociedades y realizar negociaciones. Cuanto más atractivas son, más probabilidades tienes de vender algo, de que elijan tus productos y/o servicios en lugar de elegir a la competencia.

Las palabras son fundamentales, pero no todas las palabras funcionan igual. Hay algunas que funcionan mucho mejor que otras.

Palabras que ayudan a vender

Las siguientes son algunas palabras funcionales o ganchos de ventas:

Gratis: es la gran palabra. Tiene una especie de poder hipnótico. Te engancha rápidamente. También es una palabra peligrosa. Utilízala para introducir tu producto, para mostrarlo. Aprovecha la fuerza de la palabra *gratis*, pero asegúrate de tener más elementos que puedas unir a esta palabra. Aspectos que puedas colocar detrás, previo o después de decir *gratis*. Esa lógica semántica te permitirá generar más negocios.

Nuevo: el ser humano tiene una tendencia natural hacia lo que es nuevo. Te interesa lo que pasa a tu alrededor. *Nuevo* es noticia, es interesante, despierta la curiosidad. Cuando utilizas la palabra *nuevo* para hablar de tus productos, de las funciones y de los beneficios, estás aprovechando este principio psicológico. Les estás diciendo a todos que tus productos y beneficios son *nuevos* y que tienes una noticia que es interesante.

Por fin: es la palabra que anuncia a los que te oyen que algo ha llegado a su conclusión. "Por fin se acabaron tus problemas. Mis servicios te ayudarán en..." La expresión *"por fin"* es sinónimo de solución, productos y servicios que te mejoran la vida. Todos queremos ese tipo de productos y servicios.

Cómo: El conocimiento es la base de lo que hacemos. Tener conocimiento es tener poder. Cuando sabemos *cómo* hacer algo, lo hacemos. Cuando nos falta el conocimiento, buscamos el *"cómo"*. Es una palabra fantástica para vender información, para brindar asesoría.

Veamos algunos ejemplos: "Cómo escribir un libro exitoso". "Cómo aprender a hablar frente a un público". "Cómo vencer los temores…", etc.

Ya: esta palabra se usa cuando quieres introducir el sentido de urgencia. *"Ya"* transmite inmediatez. No hay que esperar. Es ahora. Lo quieres, lo tienes. Lo tomas o lo dejas. Sólo depende de tu decisión.

"La solución ya está a tu alcance". "Si quieres ya es tuya". "Ya no tendrás que preocuparte más por…" "Ya ha llegado tu momento, es lo que estabas esperando".

Las palabras son el canal de tus ventas. Muchos de los problemas en la vida de pareja, familia y trabajo se deben a una mala comunicación. Es probable que no hayas encontrado las palabras adecuadas. Que no las hayas utilizado correctamente. Es probable que tus palabras no hayan sido capaces de ganarse la atención de tus clientes.

Las palabras adecuadas van a aumentar tus ventas. Te van a ayudar a conseguir más en la vida. Eso es lo que queremos todos. Para eso sirven las palabras.

Pero no todo se dice verbalmente, de hecho sólo el 7% de la comunicación es verbal, el restante se dice mediante el lenguaje corporal. De ahí aprendemos que debemos tener coordinación y coherencia entre lo que decimos y hacemos.

Por esta razón te invito a explorar algunos elementos importantes que tiene una comunicación clara y asertiva.

Elementos de la comunicación

La comunicación es uno de los factores más complejos del proceso de las ventas. Es necesario conocer y entender la importancia de los elementos que la conforman. Anteriormente se enseñaba que la comunicación era un mensaje que daba un emisor y recibía un receptor; sin embargo, hoy entendemos que es más que eso, la comunicación incluye codificación, descodificación, objetivo, mercado meta, mensaje verbal y no verbal, canales o medios para el mensaje, elementos distractores como el ruido interno y externo, entre otros.

No es el tema central de mi libro, por eso sólo haré una síntesis de estos elementos. El emisor es quien decide el mensaje que va a comunicar, cómo lo dice o la forma en que lo dice (esto implica el tono de voz, los acentos que debe y puede utilizar durante la conversación). El emisor debe escoger a quién va dirigido (invertir recursos, tiempo y dinero en ese mercado específico o cliente potencial), conocer en qué momento hablar y en qué momento callar (hay momentos que se vende más haciendo silencio que hablando, pero en otros momentos deberá utilizar las palabras que les mencioné en el apartado anterior y otras más).

Aspectos que parecen sencillos te pueden ayudar a vender más. Por ejemplo: saber cuál hora del día es la más caliente, la más fría, en qué momento del día hay mayor disponibilidad de los clientes.

En cuanto al mensaje se podría decir mucho; sin embargo, sólo mencionaré que debe tener alguna implicación material, emocional, económica o social para el mercado, para la audiencia, para el cliente en particular que se desea alcanzar. Tus productos y servicios deben tener algún tipo de implicación para tus clientes, para la sociedad en general, porque de lo contrario esto podría ser una baja en el nivel de ventas que estás alcanzando.

La comunicación no verbal es de gran importancia sobre todo cuando estamos frente a un potencial cliente. Distintas áreas del cuerpo tienden a trabajar unidas o a entrar en funcionamiento para enviar el mismo mensaje, confirmándolo, pero en otras ocasiones lo puede desaprobar.

Se ha estimado que el 93% de la comunicación se hace mediante el lenguaje no verbal, por lo tanto es necesario saber que existe la comunicación kinésica, que viene del griego *"kineo"* que significa movimiento, es decir, ciencia que estudia los movimientos y expresiones corporales como son: una mirada, una sonrisa, una mueca o señal particular, un gesto, un silencio, la misma postura corporal, la distancia, y otros más.

Al respecto la programación neurolingüística (ciencia que estudia el significado de cada expresión o movimiento corporal) enseña que existe comunicación kinésica negativa como por ejemplo: cruzar los brazos sobre el pecho, mirar de arriba abajo a la persona, señalarlo o apuntarlo, mirar hacia otro lado cuando estás hablando de frente con tu cliente, meterse las manos en el bolsillo mientras hablas, mantener el ceño fruncido, mirar el reloj, inclinarse hacia atrás cuando le están llevando la contraria, entre otros.

Los elementos no verbales de la comunicación se producen de forma inconsciente, por lo que el receptor o cliente podría centrarse más en tus gestos o posturas que en lo que digas. Las utilizamos para expresar emociones y sentimientos, ya que las palabras tienen algunas limitaciones. Por tal razón debes estar consciente de lo que haces mientras estás hablando, para que ambos mensajes sean el mismo, de confirmación.

¿Qué emoción estás expresando? ¿Cuál es tu estado de ánimo? ¿Estás seguro de lo que transmite tu cara, tus manos y todo tu cuerpo mientras hablas? ¿Tu semblante es de felicidad, tristeza, enfado? ¿Sorpresa, miedo, desprecio? ¿Tu sonrisa es sincera, sarcástica o burlona, complaciente?

Ahora, démosle un vistazo al receptor que es el cliente potencial, empresa meta, quienes están recibiendo constantes mensajes, unos claros otros confusos, y los individuos están ocupados en otros asuntos, responsabilidades, gustos y con preferencias y limitaciones variadas. No te están esperando a ti ni a tus productos, han sobrevivido sin ti por mucho tiempo, por eso debes prepararte y tomarlo en consideración. ¡Investiga!

Es el emisor (vendedor) quien escoge el medio o canal de comunicación. Puede ser un medio verbal, escrito, audio, visual o audiovisual, las redes tecnológicas, o cualquier otro medio. Cuando vayas a realizar una presentación escoge el lugar y asegúrate de que esté disponible, limpio, que tenga ventilación, iluminación y por supuesto que haya privacidad para mayor comodidad y concentración de tu cliente. Claro, si el cliente escoge el lugar entonces prepárate para cualquier cosa.

Debes valorar los ruidos de la comunicación. Si hablamos de comunicar un mensaje masivo, deberás tomar en cuenta la competencia y lo que está diciendo, los factores sociales, económicos y políticos, la economía, las tendencias comerciales y otros factores.

Si estás tratando de conquistar a un cliente a la vez, asegúrate de utilizar vocabulario y códigos sociales entendibles, depende de ti disminuir el ruido externo e interno de tu potencial cliente (receptor). No uses tecnicismos (palabras de domingo), no seas teórico, mejor sé práctico, no tienes que demostrar lo mucho que sabes como asesor, como ejecutivo o vendedor. Pero eso sí, lo que sabes comunícalo bien, con claridad, con firmeza, con seguridad, no titubees.

Cuando un profesional de las ventas escoge a un potencial cliente debe explorar estos elementos descritos anteriormente para comunicar su mensaje codificado (bien hecho) de manera adecuada y facilitarle al cliente descodificarlo (entenderlo), a pesar del ruido interno que pueda tener el cliente en ese momento y distracciones del ambiente inmediato, para que éste vea, sienta o por lo menos perciba la implicación de tu presentación.

Capítulo 6

Habla siempre con la verdad

"Y conocerás la verdad, y ella te hará libre." Jesús

Si algo agradezco a mis padres es que me enseñaron principios de vida y no reglas. Cuando digo me enseñaron, no me refiero a que me hablaron de valores humanos, me refiero a que me modelaron principios de vida como la honestidad, la perseverancia, el trabajo inteligente, la disciplina, la responsabilidad, la fe, la esperanza y el amor.

Uno de estos principios que quiero rescatar para este momento es hablar siempre con la verdad. Esto te traerá muchos beneficios, sólo citaré tres: libertad, paz y seguridad

Hablar con la verdad te da libertad

Quiero refirme a la libertad que nos da hablar con la verdad, específicamente cuando estamos con un cliente, ya sea que logremos o no la venta.

Hablar siempre la verdad puede parecer una utopía o hipocresía en estos tiempos, pero no. El hecho de que un gran porcentaje de personas acostumbren a mentir no significa que todos lo hacen, tampoco significa que está bien mentir.

Sé lo que algunos estarán pensando: "es que hablar siempre con la verdad puede implicar que pierda una venta". Pero yo les digo: *"es mejor perder una venta por decir la verdad que ganarse un cliente con mentiras y luego quedar insatisfecho, o peor aún, dejar a una persona molesta porque le vendimos usando engaños".*

Quizá tus productos o servicios no satisfacen la necesidad de esa persona específica o no tienen el beneficio que desea ese cliente en particular y entonces no compre, pero aún así tú vendiste bien.

Recuerda que lo primero que el cliente compra es a ti, (tu personalidad, tus principios). El cliente y tú son lo más valioso en todo este proceso de ventas. Entonces sé amable, cortés y agradecido incluso cuando no te compren, quizá lo hagan algún día, te llamen y te sorprendan. Si esto no ocurre, te puedo asegurar que esta persona que no compró lo que le ofreciste, pero te conoció, te va a referir a cuantas personas ocupen tus productos, servicios y beneficios.

Esa persona te hará promoción, hablará bien de ti, porque dirá: *"me trató tan bien, realmente me demostró que le importaba, con respeto y cortesía como si le hubiera comprado, imagínate cómo te va a tratar si le compras"*

Es importante hacer un alto en la carrera que llevamos todos en este siglo XXI y darnos cuenta del verdadero valor de la vida. ¡Todo lo que realmente vale, lo que trasciende en los seres humanos, no se puede comprar!

La verdad no se compra, la paz tampoco, la libertad, los sueños y el valor más supremo que es la vida, nuestro mayor tesoro. Ahora bien, hay algunas personas muy competitivas que harán cualquier cosa con tal de vender. Algunos harán "trucos", quizá usen la manipulación y la mentira. Eso significa que algunos seguirán su propio camino no importando la ética. Si la ética de una persona no es igual que su ímpetu por hacer dinero, entonces se expondrá a esa tentación del sistema. Esa persona probablemente dejará gente herida, compañeros traicionados, clientes engañados y seguro algún día estará en la cima, pero llegará solo, no tendrá con quien disfrutar "su éxito".

"El bien más preciado de un vendedor es su reputación." Zig Ziglar

Hablar con la verdad te da paz

La paz interna que te da hablar con la verdad porque sabes que todo lo que has dicho a tus clientes es cierto, evitará que te fatigues mental y emocionalmente porque no tendrás que elaborar mentiras y luego tratar de recordar qué fue lo que dijiste para no quedar al descubierto. Al respecto Abraham Lincoln dijo: *"Puedes engañar a todo el mundo algún tiempo. Puedes engañar a algunos todo el tiempo. Pero no puedes engañar a todo el mundo todo el tiempo."*

He conocido vendedores que alcanzaban la meta fijada por su empresa la mayoría del tiempo y lograban vender a personas que no habían comprado a sus compañeros vendedores, pero con base en mentiras o en promesas que nunca cumplieron. Hoy están sin trabajo y no sólo perdieron el trabajo de vendedores que tenían en esa empresa, sino que la industria o sector donde se movían les cerró las puertas y ahora están recogiendo lo que sembraron.

Hablar con la verdad te da seguridad

Hablar siempre con la verdad te da la seguridad de tener trabajo. Es una virtud o valor que se ha venido perdiendo en nuestra sociedad, donde da igual engañar a alguien con respecto a un producto o servicio. Sin embargo, todavía hay empresas que prefieren emplear a personas honestas, responsables y que hablen siempre con la verdad porque eso genera confianza tanto a lo interno de los colaboradores como en la imagen de la empresa y por supuesto, esto mantiene y atrae clientes.

Puedes andar por la calle o ingresar a cualquier empresa donde hayas vendido sin temor a que te reclamen alguna mentira o promesa no cumplida de tu parte. Puedes saludar a tu vecino, al cliente, verles a los ojos con tranquilidad y además obtendrás un valor agregado, más ventas a futuro durante un largo plazo.

No prometas lo que no puedas cumplir tú, tu empresa, o el producto que ofreces. Toma en cuenta las limitaciones y sorpresas ya sean internas o externas, como por ejemplo: no digas que se entregará en menos días de lo establecido sólo para vender, o que el trámite dura veinticuatro horas si en realidad dura cuarenta y ocho horas o más. No asegures aspectos propios del mercado, asuntos que ni siquiera tu empresa puede controlar, por ejemplo: que el crédito o inversión que está haciendo tu cliente se mantendrá en esas condiciones por un determinado tiempo (si depende de otras variables como el tipo de cambio o si está sujeto a la tasa de interés).

> **Sé precavido, cauteloso al hablar y mucho más al ofrecer, sé prudente.**

Sal a vender los verdaderos beneficios y las verdaderas ventajas que tienen tus productos y servicios, recordando que este principio aplica para todas las áreas de la vida.

Capítulo 7

¿Qué implica el proceso de vender?

Preparación e investigación

La venta exige investigación y preparación más allá de los productos y servicios que se brinda. Implica conocer o estudiar todos los aspectos relacionados con la profesión de vender.

Requiere conocerse a sí mismo, su personalidad, preparación previa para desarrollar habilidades propias de esta profesión (ya sea mediante capacitación empresarial formal o capacitación autodidacta). Algunas de estas habilidades son escucha activa, leer entre líneas y el lenguaje corporal, la prospección o la búsqueda correcta de clientes, el manejo de las objeciones del cliente, conocer el tipo y perfil de clientes a los que va dirigido sus productos y servicios, entre otras.

También deberás estar consciente de la necesidad de aprender técnicas o métodos de ventas, tipos de ventas como son la cíclica y no cíclica (la primera se refiere a la posibilidad de varias compras por el mismo cliente, es decir compra repetitiva y el segundo tipo de venta es la venta única, que no se puede repetir), tipos de productos (tangibles o intangibles), y otra serie de aspectos relacionados.

> ## Si quieres éxito en esta profesión
> ## deberás leer, leer y leer.

Sí, deberás desarrollar el buen hábito de leer temas relacionados con su profesión y de otros asuntos de cultura general, nuevas tendencias económicas, motivación, liderazgo y estar al día de la realidad nacional e internacional.

Debes adquirir conocimiento de tus productos y servicios, de la industria, de los precios y de la competencia, de esta manera estarás listo para responder muchas objeciones de tus posibles clientes.

La venta es una transferencia de sentimientos

Quiero enfatizar que la venta es una transferencia de sentimientos, lo cual significa que el cliente va a percibir lo que tú dices, lo que no dices y la manera en que lo dices, por lo tanto, al primero que comprará es a ti.

Debo repetirlo una y otra vez, el cliente lo primero que hace es escanear tu presentación personal, tu puntualidad, tu interés de servir. El cliente sabe si dominas el tema, si conoces el producto, la diversidad de servicios que brinda tu empresa, pero el efecto más importante lo das con la actitud.

El cliente sabrá percibir tu estado de ánimo, cómo te sientes en este día (ya sea que le hables por teléfono o en visita presencial), el cliente sabe leer entre líneas y mucho más.

Un consejo, por si estás sufriendo una de las molestias de la profesión de ventas (y en algunos casos enfermedades como el estrés), entonces lo primero que debes hacer es trabajar en ti mismo, relájate, disminuye la ansiedad que te generan las exigencias de la empresa (metas) y tus obligaciones (tus pagos fijos mensuales).

Libérate y sal a disfrutar tu trabajo, por esoestás en las ventas, porque te permite sentirte retado, lleno de energía, con vitalidad.

El estrés es bueno y necesario sólo en pequeña cantidad como impulso o movilizador. Recuerda tu origen en las ventas, es decir, el porqué lo haces. ¡Sólo espero que estés en las ventas porque te gusta o mejor dicho porque te apasiona!

En este sentido, entender las actitudes es fundamental, para esto es necesario que conozcas los tres elementos que conforman cada actitud de las personas, por lo menos de manera breve.

Toda actitud tiene un elemento cognitivo que se refiere al conjunto de informaciones y creencias que tiene una persona sobre la situación o el objeto. Dichas creencias pueden o no ser verdaderas, lo importante es que las tengas para que puedas desarrollar una actitud hacia los demás, hacia un objeto o situación social y opinar algo del mismo. Ese elemento cognitivo o creencia interior es el más efectivo a la hora de modificar una actitud.

El otro elemento es el afectivo. Alude a los sentimientos de agrado o rechazo que desarrolla el individuo hacia las personas, o un objeto social determinado. Es el más representativo de una actitud, hasta el punto que, en muchas ocasiones es lo que sirve para describirla; además es el más resistente al cambio (porque suele estar muy relacionado con experiencias pasadas afectivas muy arraigadas). Su relevancia es tan significativa que un cambio en dicho componente produce una modificación en los componentes restantes.

El componente comportamental se refiere más a una predisposición o tendencia a comportarse de una determinada forma (en coherencia con lo que se piensa de él y lo que se siente por él). El principal interés por el estudio de las actitudes sociales radica precisamente en la capacidad que nos otorga para poder predecir o modificar el comportamiento, lo que resulta especialmente interesante en el mundo de las ventas y otros negocios.

Consejo: aprenda a observar. Cada actitud muestra un aspecto cognitivo, afectivo y comportamental y eso en la mayoría de casos es más de lo que pensamos.

Vender es generar una necesidad

El vendedor debe identificar mínimo una necesidad específica real que pueda expresarse claramente y que así el cliente pueda comprenderlo. El vendedor actual debe entender las diferentes realidades que presentan los potenciales clientes. ¿Cómo son los niños de hoy, los jóvenes, los adultos mayores? Esto significa entender los miedos, las preocupaciones, dificultades e intereses de los posibles clientes. A algunos clientes de un mismo grupo habrá que explicarles cada paso y/o procedimiento para utilizar el servicio y producto que te están comprando.

Vender es generar la conciencia de una necesidad específica. Es provocarle curiosidad más por la necesidad que tiene que por nuestros productos y servicios. Hacerle ver que tú tienes la solución a esa necesidad. Si no hay una necesidad real y capacidad por parte del vendedor, lo mejor es no hacer la venta, es decir, si los dos no obtienen un beneficio a largo plazo estás perjudicando ventas a futuro e incluso referencias. Para evitar esto se debe preparar, investigar y conocer el perfil del cliente.

Para convencer a ese potencial cliente de comprarte y no a otro deberás aprender a realizar preguntas correctas.

Recuerda que es más importante lo que el cliente dice que lo que tú tienes para decir. Si el cliente ya te compró a ti (tu personalidad, tu presentación personal y mencionaste claramente los beneficios que vendes), entonces permítele expresarse.

Una técnica importante para empezar a cerrar la venta es hacer preguntas correctas para escuchar al cliente y lograr información valiosa. Éstas generan respuestas (cerradas o abiertas) y nos da algunos datos adicionales de la personalidad y percepción del cliente. Las respuestas nos brindan información que desconocemos, se disminuyen las objeciones del cliente, nos permiten controlar la conversación para lograr el objetivo, aclara dudas y de paso nos dicen qué decir, qué no decir y dónde señalar para cerrar la venta.

Las preguntas pueden ser planteadas como problemas que tiene el cliente, otras son de implicación y por supuesto haz preguntas de solución.

Las preguntas problema son las que buscan revelar la necesidad del cliente, es el asunto que debe atender y resolver. Son de apalancamiento o punto de apoyo para las otras preguntas que siguen. Estas preguntas generan insatisfacción en el cliente, es decir, desequilibrio y ese sentimiento lo moviliza. Por ejemplo: ¿desde cuándo está necesitando hacer eso?, ¿necesita obtener mi…, (producto o servicio) para generar mayor ganancia, verdad?, ¿se da cuenta qué oportunidad tiene ante usted?, ¿ya comprobó que está percibiendo un rendimiento (interés) menor del que debería recibir?

El vendedor profesional desarrolla la habilidad necesaria para encontrar las necesidades del cliente y exponerlas durante la conversación. Aclaro que la venta es una conversación, no es un monólogo del vendedor, es un diálogo donde ambos se pueden expresar, opinar, preguntar y responder.

El potencial cliente debe encontrar un beneficio adicional al recibirte, es el beneficio de hablar sin interrupciones, de ser escuchado, esto le produce descanso, le da reconocimiento y valor al cliente permitiéndole ver que realmente te interesa.

Podría ser que hayas descubierto la necesidad del potencial cliente antes de llegar a la reunión o antes de contactarlo por cualquier medio; sin embargo, en algunos casos te tocará buscar la necesidad mientras hablan, recuerda observar el lenguaje corporal y los silencios del potencial cliente, así permites que surjan los deseos y anhelos. No descartes ningún deseo, aunque te parezca "tonto", extraño o poco importante, sólo hay deseos diferentes.

El otro tipo de preguntas que ayudan a cerrar la venta son de implicación y pretenden agudizar la atención del cliente. Puede ser que lo impliquen económica, relacional y emocionalmente, esto significa que lo invitan a ver hacia el futuro.

El resultado o respuestas de estas preguntas es convertir las necesidades implícitas en necesidades explícitas. Por ejemplo: "señor (a) ¿qué pasaría si decide invertir en este proyecto?, ¿se da cuenta de lo que está ganando y puede llegar a ganar si obtiene...?, ¿cuánto tiempo ganaría si cambia este carro?, ¿ve todos los beneficios de comprar esta casa?, ¿qué consecuencias le traería no hacer este negocio?

Para terminar y hacer que el cliente te compre puedes lanzarle preguntas de solución, éstas llevarán al cliente a decir, expresar, o confesar la solución que requiere para su necesidad. En este punto, el cliente ya sabe lo que tiene que hacer, pero lo hará solo si percibe, si siente o ve un auténtico compromiso de servicio de tu parte. Por ejemplo: ¿está interesado en...? (ahí puedes mencionar tu mejor beneficio). Otra pregunta de solución puede ser: ¿se da cuenta cómo este "producto" resuelve eso que me comentó?, ¿cuándo quiere cambiar esa situación?, ¿quiere obtener ya este beneficio?

Dice el autor Ziglar que: *"los vendedores profesionales son comerciantes de palabras y pintores de cuadros."*

Vender implica compromiso auténtico de servir

Servir se puede definir como: *"vocación"*, *"realizar una tarea o función específica"*, *"ayudar y facilitarle a alguien con una situación específica"*. *"Dedicado a un trabajo determinado"*.

Para ser más efectivo en las ventas es necesario que conozcas las respuestas a estas dos preguntas: ¿quién es un cliente y qué debemos conocer del cliente?

El cliente es un ser humano. Antes de ver o desear su dinero mediante la venta que vamos a cerrar, debes mantener claro en tu mente que tu cliente es un ser humano maravilloso igual que tú. Entonces, muestra un verdadero interés, respeta las diferencias, los gustos y preferencias del cliente, ten cuidado con las limitaciones o impedimentos físicos, no te distraigas hablando de fútbol, religión, ni de política y nunca hables mal de la competencia.

Procura que cada persona que conoces en tu negocio tenga un encuentro agradable, algo para recordar con satisfacción. A la gente no le importa cuánto sabes hasta que se dan cuenta de tu interés por servir.

El cliente tiene otro saber diferente al tuyo, por eso cuando estés frente a esa persona no des nada por obvio, no asumas, no hagas supuestos, esto podría llevarte a cometer serios errores. Sólo mencionaré dos ejemplos: podrías llegar a la oficina de tu cliente y ver una foto de un famoso deportista, pero quizá no sea de él (ni siquiera es de su agrado), pudo haberlo recibido como regalo de otra persona y como vendedor puedes caer en la tentación de congraciarte con el cliente identificándote con aquel famoso deportista, y en ese momento podrías estar perdiendo la venta.

En una ocasión un vendedor al llegar donde el cliente lo saludó cortés y respetuosamente, al lado se encontraba una hermosa joven y asumió que era la hija, entonces se dirigió a ella saludándola como tal, siendo ésta la esposa del cliente.

Un cliente es la razón de toda empresa, más aún de todo vendedor. El cliente es la persona más importante de nuestro negocio. El cliente es la persona que te permite vestirte bien, pagar el estudio de tus hijos, cambiar de carro, comprar casa nueva o mejorar la que tienes. Sí, es el cliente quien nos lleva a pasear y nos facilita la vida, jamás el cliente es una complicación, ni una molestia.

¿Qué debes conocer de tus clientes? Todo. Conozca el perfil de tus futuros clientes. Toda persona es cliente potencial, pero tú debes definir y conocer el mercado meta, las empresas potenciales y lugares donde puedes realizar más ventas, qué días y a cuáles horas crecen las probabilidades de vender.

Todos son clientes potenciales, pero escoja a los clientes rentables. Como dice la ley de Pareto: *"el veinte (20%) de los clientes representa el ochenta (80%) de la cartera útil o rentable."*

Tú y el cliente se necesitan mutuamente, es una verdad, ambos son importantes y se pueden beneficiar, pero que tu necesidad nunca supere la del cliente. Recuerda que la persona más importante de la ecuación es el cliente, no eres tú.

¿Qué merece el cliente de nosotros?

¡Todo! El cliente merece todo nuestro mejor esfuerzo, nuestro compromiso, acompañamiento, el mayor beneficio, disciplina, toda nuestra preparación, atención, entrega y servicio de calidad.

El cliente merece *la verdad*, porque la verdad trae libertad, paz y seguridad de relaciones humanas y negocios sanos y duraderos.

Excelencia: la defino como dar lo mejor de nosotros, nuestro mayor esfuerzo. Excelencia es prepararnos completamente conociendo nuestros productos y servicios, beneficios, ventajas, el entorno nacional e internacional, posibles limitantes. Ser excelente no significa hacerlo mejor que los demás. Aquí es muy importante dar lo mejor al inicio, previo a la venta, durante el proceso de venta y brindar un seguimiento posventa de igual calidad. Brindemos beneficios, servicios y productos de alta calidad.

Lo menos que espera recibir el cliente por el dinero que nos está entregando y confiando es nuestra máxima calidad en todo.

Imagen ejecutiva: anteriormente en esta profesión de ventas se daba mayor énfasis a la presentación personal, dejando de lado otros aspectos que ya he mencionado. Aunque parezca obvio no lo es, tengo que decirlo, es necesario tener hábitos de higiene diarios como: bañarse, vestirse bien, peinarse, limpiar los zapatos y usar un buen perfume. Tiene que ser parte de toda persona que ejerza cualquier profesión. Además, deberá conservar en buen estado su vehículo, por prevención y por imagen. No olvides mantener tu escritorio y oficina ordenados también.

Respeto: es un valor de suma importancia para la vida. Implica utilizar palabras decentes, no diminutivos, ni apodos. Jamás uses frases como: "mi reina o mi rey, preciosa, guapo, amor, cariño". Esas palabras son irrespetuosas. Llama al cliente por su nombre, además de ser respetuoso crea un vínculo de confianza en él y le demuestras que realmente te interesa.

EDGARDO ARAGÓN   ¡VENDER ES APASIONANTE!

Jamás llegues a tarde a una cita con un cliente, ya sea primera vez o un cliente frecuente, ambos merecen el mismo respeto y de acuerdo con el autor Gherman Sánchez, *"si no puedes llegar a tiempo, entonces llega antes."*

El vendedor que llegue tarde a una cita entrará perdiendo simpatía, credibilidad, confianza, e indispone al cliente, éste empezará a contar los minutos que le estás quitando y pensará si fue buena idea haberte cedido ese espacio. De seguro pensará: "si es así para una simple reunión, ¿cómo será para cumplir el pedido o responder una solicitud?"

Recuerda que el cliente tiene todo el tiempo ocupado y decidió sacar de él para atenderte. Esa persona no está desocupada o buscando comprarte lo que ofreces, tiene otras prioridades, por eso nunca llegues tarde.

Tener respeto es un principio de sana convivencia, cuanto más por el cliente y toda persona que tenga que ver con tu venta. Saluda con amabilidad, cortesía y respeto a todos: al guarda de la empresa, al misceláneo, la recepcionista y a todos los demás.

Un vendedor nunca puede suponer nada, menos saber cuál es la persona que goza de la confianza del cliente. Recuerdo que en una ocasión un gerente propietario de una gran empresa decidía si compraba bienes y servicios dependiendo cómo trataran al misceláneo de la empresa, que era su amigo de toda la vida. ¿Te imaginas qué puede pasarte si te interesas sólo por la persona que te va a atender y olvidas que todas las personas merecen respeto?

Empatía: es ver con los ojos del cliente, tratarlo de la misma manera que usted quiere ser tratado. Es una regla de oro tratar a los demás como yo quiero ser tratado. Si sabes qué necesita el cliente le puedes hablar con toda propiedad y decirle: "aquí tengo lo que necesitas", "justo ahora se lo puedo entregar", "qué bueno que pudimos reunirnos para que valore disfrutar nuestros beneficios". Implica escucha empática (contacto visual, postura abierta y cómoda), comprensión intelectual (esto es intención de comprender y parafraseo), comprensión emocional (reflejo de sentimientos).

Confianza y credibilidad: no basta con tener la mejor solución, además tiene que ser creíble. Aquí es donde está el arte, tienes que transmitir confianza. Todos podemos hablar lo que queramos, pero nuestros clientes van a creer lo que les parezca oportuno. No tienes demasiado control casi que de ninguno de los clientes ni de las circunstancias, por eso tienes la tarea de generar confianza. Es mucho mejor que no digas nada si no sabes, o si no estás completamente seguro de un tema o asunto, en ese caso es mejor que otros hablen.

Debemos enfocarnos en generarle credibilidad de lo que hacemos y ofrecemos a nuestros clientes.

Refuerza tu credibilidad. ¿Cómo? Siguiendo los principios expuestos en este libro. Tienes que ser creíble para que tus clientes perciban garantía de todo lo que dices y haces.

Si das lo mejor de ti, es decir, si tienes la mejor preparación y hablas con la verdad, si eres excelente, respetuoso, con la mejor imagen ejecutiva, brindando empatía y generas confianza y credibilidad, te garantizo muchas ventas, mayor ganancia económica y una vida más saludable.

Capítulo 8

La venta después de la venta

Ya hemos escuchado hablar de la posventa como parte del servicio de toda empresa comercial; sin embargo, en la práctica también hemos comprobado que en la mayoría de casos se descuida a los clientes una vez que han hecho su compra, o después que han confiado su dinero para administrárselo, ya sea en una cuenta, un fondo de pensión, alguna inversión o cualquier otro servicio que se ofrezca.

Como mencioné en páginas anteriores, traer un cliente nuevo es siete veces más caro que mantener un cliente que ya está con nosotros. Un cliente carterizado o conocido por la empresa es más fácil y menos caro que traer clientes nuevos, por eso es tan importante la posventa.

A continuación te comparto algunas verdades que debes tomar en cuenta para hacer más cómodo mantener clientes contentos y más que eso, satisfechos con el servicio que brindas.

Ten presente que algunas personas pueden comportarse de manera mezquina, grosera y que te podrían llegar a tratar mal, no lo hacen para hacerte daño, sino porque ellas tienen heridas interiores. Es en esos momentos de presión emocional, de estrés, cuando algo no sale bien, que algunas personas explotan, mejor dicho, sacan a la luz asuntos sin resolver. Claro, en algunos casos tienen razón de estarse quejando de un mal servicio, producto o atención; sin embargo, esto hay que tenerlo presente.

La valentía se ha definido por algunos como una acción que haces, no por la ausencia de miedo, sino porque sabes que hacerlo es lo correcto. Así que desarrolla la actitud mental correcta. Toma la responsabilidad personal de construir tu autoconfianza y autoestima para los momentos en que lo necesites y para la vida en general.

Recuerda que somos profesionales comercializando palabras y pintamos cuadros a nuestros clientes para su beneficio, no el nuestro, así que mantén a tus clientes satisfechos. Ten cuidado de mantener tu reputación con tus clientes porque es una herramienta de posventa, ya que estos clientes seguirán confiando en ti, mucho más que al principio, con el paso del tiempo se desarrolla la confianza, pero a mayor confianza mayor respeto. Porque tus clientes saben que eres íntegro, si dices que vas a hacer algo, lo haces. Si ya has cumplido con darles servicio de primera calidad, ahora cuida cómo los sigues tratando, no puedes olvidarlo, porque de eso dependerá en gran medida el éxito del negocio.

Recuerdo una vez que me asignaron una cartera de clientes de alto perfil (clientes que tenían mucho dinero en su fondo y con cargos de mucha responsabilidad). Dentro de estos clientes tenía una mujer con el cargo de gerente general de una empresa importante. Después de mucho solicitarle una cita con la asistente para conocernos, no me la daba. Realmente era ocupada; sin embargo, yo seguía en contacto con ella, le actualicé los datos, le envíe información pertinente y de interés para ella, no para mí, porque el servicio es para nuestros clientes. Ellos son la prioridad.

Como ahora todo es tecnología, pudimos conversar un par de veces y por lo menos logré conocer su voz. Un día, haciendo mi rutina de revisión de clientes me di cuenta que se había retirado con todo su dinero. De inmediato la llamé para preguntarle por qué había tomado esa decisión, a lo que ella me respondió: "oiga don Edgardo, yo no he sacado mi dinero de su compañía, estoy contenta con su atención, por lo tanto exijo una explicación". Yo le contesté que con todo gusto iba a investigar inmediatamente y así lo hice, también le indiqué que era necesario ver algunos documentos físicos y fue hasta ese día que nos conocimos personalmente.

Les confieso que a pesar de ser la primera vez que nos veíamos y en esas circunstancias, ella nos atendió amablemente y con todo respeto. Recuerdo que estaba con su abogado y yo me llevé a mi supervisor para ver qué había pasado. Bueno, para no hacer larga la historia, se hizo la investigación y resultó que una persona le había falsificado la firma y después de esto ella pudo legalmente regresar a nuestra compañía y seguir en contacto conmigo, ya no sólo a través de los medios tecnológicos, sino que me atendía personalmente cada vez que yo le solicitaba.

A partir de ese momento, debido a nuestro empeño, seguimiento y explicación legal y transparente, esta señora gerente me permitió atender a toda su empresa. El resultado fue que muchos de sus empleados empezaron a recibir asesoría financiera y crediticia, se hicieron nuevas afiliaciones, negocios nuevos y todo gracias al seguimiento que brindé por más de tres años.

Lo que hacía con mi cliente y todos los demás asignados era la venta después de la venta, seguir en contacto, informándoles de los índices económicos del mercado nacional e internacional, instrumentos financieros nuevos para invertir, tasas de rendimientos, entre otros.

Tu interés en tus clientes después de la venta juega un papel importante para que ellos se mantengan primero contigo y después con la empresa. Aquí hay un principio, si eres un vendedor profesional sabrás que los clientes son primeramente tuyos y luego de la empresa que representas. Por eso, avísales a tus clientes todo lo que tengan que saber para cuidar sus inversiones, para decidir comprarte más, incluso cuando las variables no te favorezcan.

Suele ocurrir que cuando hablamos de finanzas, algunas empresas y administradoras de portafolios de diferentes fondos de inversión no avisan a sus clientes cuando hay una "caída" en los precios del mercado, o cuando ocurre una pérdida financiera, tratan o evitan atender a sus clientes. Al contrario, debemos salir adelante a informar a nuestros clientes sobre la realidad económica y sobre todo brindar una asesoría responsable, dar sugerencias, generar calma en ellos y de paso en el mercado financiero.

Ante cambios bruscos no hay que salir corriendo, no hay que alarmarse, sabiendo esto podemos transmitir confianza y tranquilidad a nuestros clientes, a fin de cuentas, ellos creen en ti.

Puedes tener todo lo que deseas en la vida si ayudas a otros a conseguir lo que ellos quieren. Sé que vivimos en una época de indiferencia terrible, escepticismo, cada quien corre y corre cada día, cada semana, buscando su propio bien y es una realidad que tenemos que ser responsables primero con los de la casa. Sin embargo, en muchas ocasiones se presentan oportunidades de servicio que quizá no tengan que ver con tu trabajo o profesión, pero aparecen para que tú las atiendas. ¿Verdad que dar un servicio extraordinario redunda en que ambas partes ganen?

Insisto, sirvamos al prójimo y hagámoslo bien, como si realmente fuera para nosotros mismos, de esta manera hacemos un mundo mejor, una sociedad más tolerante, más servicial, de mayor respeto e igualdad.

Podrás pensar que hacer un favor o atender un asunto dentro de tu empresa o ayudarle con la tarea a un compañero no te genera ninguna ganancia, pero recuerda que no todo es dinero. Aquí aplica la ley de siembra y cosecha y esta actitud servicial hace la diferencia entre un vendedor profesional y un simple vendedor, y más importante aún, dar un servicio agregado, un seguimiento o realizar un acto de servicio de seguro te va mantener ocupando el puesto que tienes.

¡Te puedo decir con toda seguridad que los que hacen un trabajo y lo hacen con excelencia no tienen que buscar empleo, más bien, ellos son buscados! A veces no ocurre tan rápido como quisiéramos, pero la recompensa siempre viene.

¿Qué hacer cuando ocurre algo que no beneficia al cliente? Como por ejemplo: una factura mal cobrada, un depósito mal realizado, o que el cliente siente que tiene la razón de algo y no la tiene, o tal vez un cliente quiere una rebaja, una devolución de producto o dinero, una comisión menor de la establecida, entonces, ¿qué se debe hacer?, ¿cuánto te va a costar esa decisión?, ¿qué impacto tendrá en tu negocio darle la razón al cliente o hacerle un favor específico?

A veces será necesario valorar detenidamente estas decisiones como otras en la vida, en las ventas y en el seguimiento de las mismas. No podemos ignorar, ni mucho menos olvidar el ego o el orgullo de algunos vendedores que creen que siempre tienen la razón sólo porque conocen el producto y tienen mucha experiencia en ventas. Bueno, en algunos casos el cliente sólo quiere ser escuchado, es más, algunos clientes sólo quieren que nosotros sepamos lo mucho que saben del tema.

Es natural que todo el mundo quiera tener la razón, pero es más común que todos quieran que se les entienda. Cuando los clientes se saben entendidos, mejor aún, cuando los clientes se sienten entendidos, generalmente se ajustarán para resolver la situación de conflicto. Siempre busca que tu cliente gane más que tú. Haz algunas concesiones, pero de buena gana; sonríe, pero con sinceridad y repítele cuánto aprecias su negocio, su escogencia, su lealtad.

¿Cómo reaccionas cuándo un cliente te confronta por algo, cuando es grosero, usando palabras irrespetuosas o fuera de tono? ¿Reaccionas comportándote igual que el cliente o recuerdas que tú tienes el poder de elección? Puedes escoger responder de manera respetuosa y amable o puedes reaccionar igual. Por naturaleza somos seres reactivos, pero también podemos aprender a ser seres proactivos, es decir, gente que proponemos en lugar de quejarnos, que vamos en lugar de que nos lleven, que intervenimos de manera pacífica en lugar de la violencia.

Claro, decir esto es mucho más fácil que hacerlo. Como dice un refrán popular, *"del dicho al hecho, hay mucho trecho"*. En pocas palabras, ¿cómo te sientes cuando el cliente te responsabiliza por algo que hizo un compañero o tu empresa? ¿Qué piensas cuando viene a ti para reclamar de manera airada o poco tolerante? La forma en que trates a esa persona en ese momento será la que determine en gran medida tu éxito como vendedor profesional.

Las investigaciones demuestran que más del 90% de clientes descontentos dejan de hacer negocios con nosotros sin un solo comentario, pero sí lo comentarán con amigos, parientes, vecinos, con la competencia. Simplemente se van. De ahí la importancia de escuchar, atender y resolver las quejas de manera inteligente.

Todos podemos ser amables, educados y optimistas con las personas que nos hacen una compra, pero también hay que serlo con aquellas que vienen con un reclamo, una queja, un pedido. Atender bien sólo a los que nos tratan bien es muy fácil, para eso la empresa podrá emplear a cualquiera, pero para que se ocupe de esos clientes estás tú.

No interrumpas cuando un cliente esté molesto, bravo, o alzando la voz. Relájate, deja los brazos caídos, no muevas tu cuello, no hagas gestos desaprobatorios y escucha a la persona. De todas formas le resultará difícil mantenerse molesta o expresándose fuertemente con palabras y gestos por más de dos o tres minutos. Si no crees puedes hacer la prueba. Si escuchas hasta que la persona libere su enojo permitirás que se desahogue, pero si la interrumpes, le estarás permitiendo que recobre su energía, y adivina: ¡los dos o tres minutos vuelven a empezar!

Cuando te toque hablar, entonces habla naturalmente, pero con buena dicción. Sé elegante al atender a un cliente que trae una queja, una molestia o está muy enojada, a fin de cuentas es una persona como tú y tiene el derecho de ser escuchada. Aquí es donde puedes ganarte al cliente y no te enfoques en ganarle al cliente. Lo que esté pasando en ese momento no es una lucha, es que tienes que atender a esa persona para ganártela de nuevo. Te están dando la oportunidad de rescatar a esta persona. No estamos hablando de clientes difíciles, son clientes que nos hacen ver en dónde fallamos o falla nuestra empresa.

Los clientes que se quejan (sobre todo los que se quejan con razón), nos señalan las áreas de mejora, es decir, dónde tenemos que trabajar más, ahí es donde en algunos casos habrá que invertir para ganar. Así que estos clientes que algunos llaman (erróneamente) clientes difíciles, no lo son, son las alarmas para que nosotros mejoremos y nos mantengamos en la profesión de las ventas por mucho tiempo.

Y si el cliente continúa usando un lenguaje no adecuado o irrespetuoso, deberás recordarle que estás ahí para buscar una solución y no un culpable, además, por principios deberás terminar la conversación a no ser que empiece a controlarse. Ya he visto funcionar esta actitud en gerentes, supervisores y otros compañeros que hemos estado por años atendiendo gente o brindado servicio al cliente.

Después de ese momento, cuando ya se enfríe, es probable que el cliente esté avergonzado de su comportamiento y será más fácil trabajar con él. Si muestras un genuino interés por servirle tendrás una posición de autoridad para hacer una venta o consolidar a este cliente.

Capítulo 9

Algunas verdades acerca del dinero

Una vez escuché esta frase: "No llames amigo a nadie con quien no hayas repartido una herencia". Bueno, al principio me pareció un poco exagerada la frase, pero con el paso del tiempo fui comprobando que no estaba muy lejos de la verdad, ya que el dinero ha marcado la historia humana, y en algunos casos ha alterado el curso de naciones, de familias, de individuos.

Hoy también el dinero está determinando las relaciones humanas, quizá más que en el pasado, porque ahora todo, realmente todo, tiene que ver con dinero, incluso las grandes obras de caridad, algunos actos altruistas, instituciones de bien social, cualquier cosa que tú pienses está relacionada con dinero.

Démosle un vistazo a lo que está pasando actualmente: las guerras se siguen dando por cuidar las riquezas acumuladas o para adquirir más, matrimonios por conveniencia (claro, eso siempre ha existido), matrimonios acabados por falta de dinero o por abundancia del mismo, líderes religiosos, políticos y sociales han sucumbido ante la tentación de tomar un dinero que no les correspondía.

¿A qué se debe esta fascinación, esta lucha incansable por adquirir más dinero, bienes y riquezas materiales? ¿Por qué la gente hace cualquier cosa para obtener un poco de dinero adicional? ¿Qué mueve o lleva a una persona a perder su buena reputación que tanto le ha costado ganarse por unos billetes, por unas monedas? No importa la suma, el punto es que al final el dinero es sólo eso, algo material. Quizá la respuesta no está en el dinero, está en las mismas personas.

El amor al dinero es la raíz de todos los males

Un sabio llamado Santiago dijo: "La raíz de todos los males es el amor al dinero". Te das cuenta que el dinero no es malo, es el amor al dinero. Si te pones a pensar en algunos problemas que has tenido te aseguro que en la mayoría de casos encontrarás relaciones directas o indirectas con el dinero.

Quizá tenías razón de "pelear o discutir" por tu dinero porque te lo habías ganado con honradez y esfuerzo y alguien te lo arrebató, te cobraron de más en el lugar donde compraste, intentaron venderte algún bien con un precio mayor de lo justo, y tantas otras situaciones donde el dinero fue el medio de pago.

Es típico ver algunas parejas donde los dos reciben ingresos que acuerdan mantener separados y además que cada uno pague ciertas cuentas y empiezan a repartirse los gastos fijos de la casa, compras adicionales y otros gastos. Así, y de manera paulatina, empiezan a separarse "sin darse cuenta" en todo lo que tiene que ver con el resto de sus vidas.

El dinero no es malo, es bueno. Lo que pasa con el dinero es que saca la verdadera esencia de las personas.

El dinero tiene varios elementos que lo componen y representan, es más que una simple unidad de precio. Por ahora solo me referiré a tres elementos implícitos: histórico, psicológico y social.

El dinero tiene que ver con la forma en que el ser humano se ve ante el mundo y cómo lo ven los demás. Sabemos que el dinero tiene una larga historia desde antes de su invención tal y como lo conocemos. Al principio de la civilización no existía el dinero como medio de pago sino el trueque, donde cada uno intercambiaba lo que tenía por aquello que necesitaba y no podía cultivar o hacer. Al principio era una necesidad este tipo de comercio artesanal, sencillo, pero muy práctico, y se suplían necesidades básicas y verdaderas de la población.

Para mí, el desarrollo económico lo puedo ver y entender en tres grandes etapas que describo a continuación: Etapa de terratenientes, la era industrial y la globalización.

Me refiero a la etapa de terratenientes cuando habían algunos dueños de grandes extensiones de tierra (generalmente hombres) y sus familias las cultivaban y cosechaban para tener su propio consumo; sin embargo, empezó a expandirse la sociedad y la población mundial fue creciendo hasta que las personas vieron fácil y funcional intercambiar diferentes productos y servicios que producían con sus manos y máquinas artesanales por lo que otros miembros de la comunidad tenían y ofrecían, sin que todavía mediara un medio de pago formal.

Poco a poco, la gente con su creatividad fue inventando más productos y servicios y de esta manera se empezaron a generar más variedad y también necesidades falsas, es decir, la gente empezó a ver o a sentir que necesitaba lo nuevo sin preguntarse realmente si lo necesitaba (cualquier parecido con la realidad es mera coincidencia).

Esto de crear necesidades falsas es una vieja costumbre y contribuyó con el crecimiento y aceleración del comercio de los pueblos y del mundo actual.

Luego fue surgiendo la era industrial, donde ocurrieron muchas invenciones que cambiaron la forma de relacionarse y las posibilidades de comercio de esa época. Por ejemplo, surgió el carbón y la energía hidráulica que permitió empezar a usar las primeras máquinas más elaboradas y así surgieron las grandes fábricas. Más adelante, como uno de los últimos avances de esta era, apareció Henry Ford creando la producción en línea de su fábrica al construir su famoso vehículo, conocido por todos.

La era de la globalización es el momento que estamos viviendo desde ya hace varios años, definida en parte por los grandes avances tecnológicos y descubrimientos científicos en el área de la salud, servicios, empresas virtuales, redes sociales, entre otras.

Es una etapa más del desarrollo e invención humana, donde las relaciones interpersonales han sufrido grandes cambios, ahora parece que la gente está más lejos (aunque viven en condominios), la gente no sabe ni los nombres de sus vecinos, los servicios express abundan, la gran diversidad de auto servicios, el estudio en línea (no presencial), las ventas y compras virtuales, y otras comodidades le han dado un giro a las relaciones humanas.

Algunos piensan que estos cambios son más beneficiosos, pero otros piensan que es perjudicial para la convivencia. ¿Será más beneficioso, o estaremos todos pagando estos grandes cambios? ¿Le podemos llamar cambio positivo a todas las comodidades que tenemos? ¿Qué tiene que ver todo esto con nuestra profesión de ventas?

En una palabra, el dinero es sólo un medio de pago y no un fin, que sirve para cubrir necesidades básicas de los seres humanos y adicionalmente adquirir otros bienes y servicios (algunas pueden ser necesidades de segundo orden, no indispensables para la vida). Partiendo de esta premisa, busca y genera todo el dinero que puedas sin olvidarte de vivir, es decir, busca el equilibrio, relájate, descansa, sueña, ámate y ama a los tuyos, y claro sigue vendiendo beneficios.

Ahora veamos por qué el dinero tiene en sí un efecto psicológico en la mente y emociones de las personas. ¿Has notado lo bien que te sientes cuándo has realizado todos tus pagos obligatorios y además tienes otros gastos cubiertos?, ¿ya te diste cuenta la relación directa del dinero con tu estado de ánimo?, ¿has visto cómo tu relación de pareja y de familia se relaja cuando todo está pagado?

El dinero incluso afecta a las personas a nivel inconsciente, a la hora de tomar decisiones cotidianas que parecen sencillas como en cuál supermercado comprar, el tipo o marca de ropa, qué zapatos usar, etc., y otras de mayor alcance como cuál escuela escoger para nuestros hijos, en cuál universidad estudiar, dónde comprar lote, qué tipo de casa hacer, y muchas otras decisiones.

No se puede obviar que la mayoría de gente tiene la casa que puede y no la que realmente quiere. Estas personas viven pensando que cuando tengan esto o lo otro serán felices, y luego de mucho sacrificio puede ser que lo logren, pero tampoco serán felices. El dinero no debería ser el parámetro para decir si alguien tiene éxito o no, si alguien ha logrado algo en la vida o no, eso es discriminatorio, reduccionista y perjudicial.

La parte triste de este análisis es que muchas personas se definen a partir de lo que tienen, a partir de lo que pueden adquirir material y financieramente, no por lo que realmente son. Estas personas tienen una autoestima que es necesario fortalecer, me refiero al autoconcepto (lo que ellos piensan de sí mismos) y la autoimagen (cómo se ven a sí mismos ante los demás).

Por último, el dinero determina el tipo de relaciones sociales que se establecen. Tiene que ver con estatus, con el sentido de pertenencia que algunos encuentran en círculos sociales. El dinero da poder adquisitivo y acceso a ciertos lugares donde otros no pueden ingresar. El dinero te abre puertas y te facilita algunas oportunidades. Te conecta con gente que, de no ser por el dinero, nunca conocerías.

Es tan poderoso el efecto placebo del dinero en algunos que los lleva a tomar decisiones que no son beneficiosas a futuro. Aquí es donde hay que tener cuidado, de no dejarse llevar por el placer que pueda generarte acumular riquezas.

Después de darle un vistazo a estos tres elementos implícitos del dinero se puede entender mejor el porqué la gente busca el dinero con tanta precisa y le dedica más tiempo que a la propia salud, también podrás comprender mejor el tipo de relaciones humanas que hoy experimentamos y la naturaleza de algunos negocios.

De esta realidad se desprende otra verdad, asegúrate una vez más que los productos y servicios que brinda tu empresa sean realmente necesarios para suplir necesidades reales para la vida humana, o por lo menos que contribuyan a una mejor convivencia social. Si tu respuesta o consideración a esta verdad es negativa, entonces muévete a otra empresa donde puedas vender verdaderos beneficios. ¡Debes creer en lo que haces! Esta es una de las razones por las que algunos profesionales de las ventas no obtienen grandes resultados en sus ventas ni mucho menos encuentran satisfacción en lo que hacen.

El dinero es el resultado de dar lo mejor de mí

Antes dije que el dinero saca lo peor de mí, pero también, es el resultado de dar lo mejor de mí. ¿Cómo se explica esto? Bueno, tiene que ver más con tu actitud hacia el dinero. ¿Lo ves como un medio o como un fin?

Quienes logran acumular riqueza de manera sana, es decir, sin perjudicar a otros, es porque trabajan de manera inteligente y saben que el dinero es sólo un medio, nunca un fin en sí mismo.

Creo en la ayuda mutua como una forma de ayudarnos. Esto es cierto si tomamos en cuenta que todos en algún momento de la vida nos necesitamos para realizar algún trabajo o proyecto. Ya he dicho que somos individuos capaces de alcanzar grandes logros, objetivos supremos como la libertad y los sueños; sin embargo, en algún momento del recorrido vamos a necesitar ayuda extra de alguien.

Dale al dinero el lugar que se merece, sin pasar por encima de nadie. Porque esa delgada línea es la que algunos han cruzado y siguen avanzando y acumulando riqueza dejando atrás los valores humanos de sana convivencia como la responsabilidad, la honestidad, la tolerancia, la ayuda mutua, la honradez, la verdad, y a la postre esa riqueza material podría traerte graves consecuencias.

Nunca dejes que tu corazón empiece a amar el dinero, ni siquiera un poquito. Mantén claro para qué sirve el dinero y recuerda que lo más valioso de la vida no se puede comprar.

Las mejores cosas de la vida no tienen precio. ¿Acaso se puede comprar una sonrisa?, ¿se puede comprar sueño?, ¿dónde venden la paz?, ¿puedo comprar tiempo para un día específico o para el futuro?, ¿y la salud, cuánto vale?

Cuentan que había un padre muy ocupado que tenía un cargo importante, ganaba mucho dinero y pasaba muchas horas en su lugar de trabajo. Era tanta su ocupación que un día su hijo se acercó y le preguntó: *"papá, puedo saber cuánto dinero ganas en una hora"* y el padre, aunque sorprendido, le respondió orgullosamente: *"hijo me gano $100 dólares en una hora"*

Entonces, el hijo se entristeció un poco, pero continuó con lo que estaba haciendo hasta que un día que lograron estar juntos otra vez, el niño se acercó a su padre y le dijo: *"papi, he estado ahorrando el dinero que me das y ya tengo 100 dólares para comprar una hora de tu tiempo"*

Así que, lo mejor de la vida no tiene precio, no hay dinero para comprar lo que realmente trasciende. Entonces, produce dinero sin descuidar tu salud, produce más dinero sin desperdiciar tu tiempo y genera riqueza sin sacrificar tu familia.

Conclusión

Bueno, hemos llegado al final de un trayecto del camino juntos y espero que te decidas a poner en práctica los principios compartidos.

Estoy seguro de que tu vida profesional y personal ha experimentado un crecimiento mientras te compartía estas lecciones aprendidas

Quedan otros temas relacionados pendientes en el tintero y de alguna forma esto nos llevará a vivir y descubrir que siempre habrá más para aprender, para crecer, para compartir.

Recuerda que la vida es un regalo, una pausa en la eternidad y en algunos momentos se parecerá a una película de drama, de miedo, de comedia y algo más, por eso te invito a que escribas con pasión y dedicación el guión de tu vida.

Nos vemos pronto y si quieres saber más de mis talleres, charlas, asesoría virtual y otros servicios, puedes contactarme en www.edgardoaragon.com, vía skype con el usuario asesoresciap, o al correo asesoresciap@gmail.com

www.aragoneditorial.com